W0065957
Container Schiff ?
Wie hoch?
MAERSK SEALAND
Wie lang?
NORDPOLARMEER
INDISCHER OZEAN
AUSTRALIEN
Maßstab 1:
Checker Can
Wie heißen Heiligen Drei Könige?
Antarktis
Wie weit weg
1L MILCH
CC
Warum muss man Skier bügeln?
Pingu Süd-Pol?
Checker Can
Bakt hier!

Checker
Can
Das Checker buch

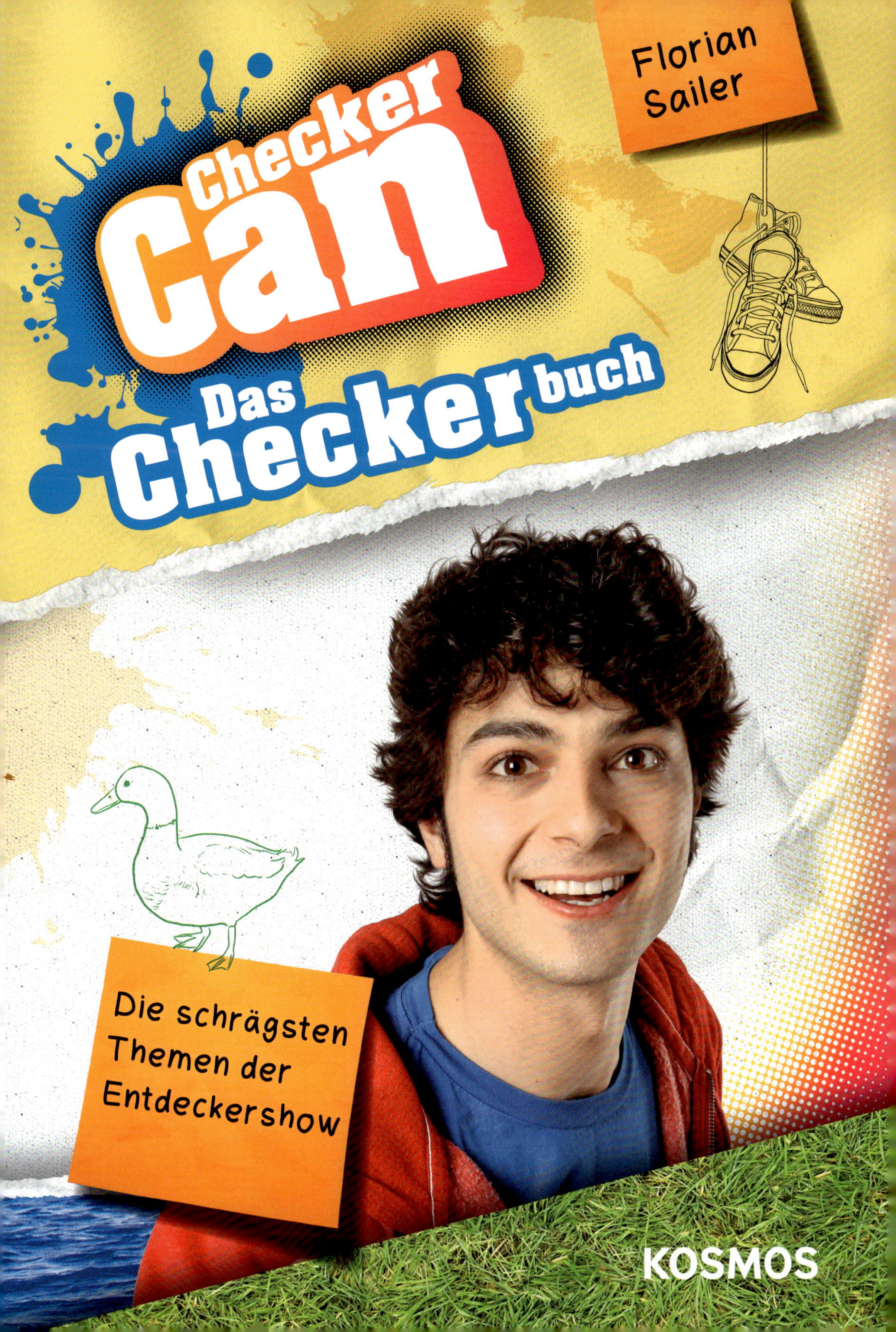
Florian
Sailer
Checker
Can
Das
Checker
buch
Die schrägsten
Themen der
Entdeckershow
KOSMOS

Inhalt
nach Reihenfolge

Inhalt nach Themen

Name: „Checker" Can Mansuroglu
Alter: geboren 1983
Größe: 1,76 Meter
Beruf: Journalist, Reporter, Checker

Hallo Can, woher kommst du?
Moin! Ich bin in Oldenburg im Norden Deutschlands geboren. Da sagt man „Moin" statt „Guten Tag" oder „Grüß Gott" – wie hier in München, wo ich jetzt lebe. Mein Vater kommt aus der Türkei, da sagt man „Merhaba".

Dann ist dein Vorname wahrscheinlich auch türkisch. Was bedeutet der?
Genau. Can spricht man „Dschan" aus, so wie in Dschungel. Der Name bedeutet „Seele" oder – das finde ich ziemlich cool – „Leben".

Was verbindet dich mit der Türkei?
Eine von meinen Omas lebt dort und viele Onkels, Tanten und Cousins. Die besuche ich natürlich ab und zu. Außerdem mag ich das gute türkische Essen sehr gerne, wie zum Beispiel Adana Kebap: leckere gegrillte Hackfleischspieße. Müsst ihr probieren!

Du bist in deiner Sendung immer fröhlich. Woher kriegst du deine gute Laune?
Na ja, Reporter zu sein, ist ein toller Job. Ich freu mich, jeden Tag was Neues zu entdecken. Es gibt so viele spannende Dinge und Menschen da draußen! Und wenn die gute Laune mal einen Abflug macht, hol ich sie mir schnell mit guter Musik zurück.

Was darfst du als Checker, was andere nicht dürfen?
Ich darf fast alles ausprobieren, ich komme an Orte, an die nicht jeder darf und ich treffe Menschen, die man normalerweise nicht trifft.

Checkst du auch Fragen, wenn die Kamera nicht läuft?
Auf jeden Fall! Ich bin einfach ein neugieriger Typ. Auch wenn die Kamera aus ist.

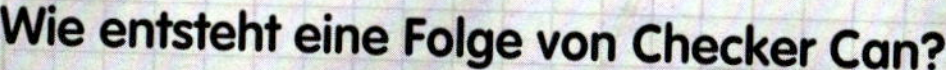

Wie entsteht eine Folge von Checker Can?
Erstmal sammle ich zusammen mit dem Checker-Team die interessantesten Fragen zu einem Thema. Und dann überlegen wir uns, wer sie beantworten könnte. Gecheckt!

Wie bist du eigentlich zum Checker geworden?
Ich hab mich beworben und an einem Casting, also einem Auswahlverfahren, teilgenommen. Da musste ich nichts vorsingen oder vortanzen, sondern habe direkt eine kleine Checker-Folge über Milch gedreht. Die war so gut, dass ich den Job als Checker bekommen habe.

Was muss ein Checker können?
Ein echter Checker hat immer die Augen und Ohren offen, dreht jeden Stein um und checkt, was es drunter Spannendes zu entdecken gibt! Und: Immer offen und freundlich auf die Leute zugehen und nachfragen, wenn man was checken will. Und noch mal nachfragen, wenn man's nicht gleich ganz genau kapiert hat. Der Checker probiert alle möglichen Dinge aus, auch wenn er's noch nicht kann. Er hat keine Angst, sich auch mal zu blamieren oder zu scheitern. Nur so lernt man's und wird irgendwann zum echten Checker!

Kann jeder zum Checker werden?
Logisch! Ich bin ja schließlich auch nicht als Checker auf die Welt gekommen!

Was sollen die Leser mit dem Checkerbuch machen?
Sich ganz viele Anregungen holen! Das Checkerbuch ist voll mit Ideen, was es alles Spannendes zu checken gibt. Und wenn dich was total interessiert, egal ob Skispringen oder Containerschiffe, dann geh los, frag Leute, check's selber, mach dich schlau!

Der Skisprung-Check

Davon haben wir doch alle schon geträumt: Einfach losfliegen und wie ein Vogel von oben auf Häuser, Straßen und Menschen in Miniatur gucken. O.k, wir können ins Flugzeug steigen oder mit dem Gleitschirm aufsteigen. Aber es geht noch besser: Alle anschnallen für den Skisprung-Check!

Wo steht der Schanzentisch?

90 km/h schnell!

Gecheckt:

Auf der Skisprungschanze, ganz am Ende der Anlaufspur, steht der Schanzentisch. Er ist die Absprungrampe: Vom Tisch geht's in die Luft.
Damit der Springer vor lauter weißem Schnee seinen Punkt zum Absprung nicht übersieht, ist der Schanzentisch mit grünen Zweigen markiert.

In der Anlaufspur auf der Schanze fahren die Springer **so schnell wie ein Auto** auf der Landstraße (mehr als 90 Stundenkilometer). In der Luft werden sie noch schneller. Ein richtig weiter Flug dauert etwa sieben Sekunden.

Faktencheck

Ein Skispringer fährt mit seinen Skiern eine Schanze hinunter, springt ab und versucht, so weit wie möglich durch die Luft zu segeln.

Skispringen oder Skifliegen? Die größten Schanzen, von denen Flüge über 200 Meter möglich sind, werden Skiflugschanzen genannt. Zurzeit gibt es nur fünf davon auf der Welt. Die größte steht in Norwegen, wo der Sport auch erfunden wurde.

Profi-Skispringer haben meistens schon mit sechs Jahren angefangen und trainieren sechsmal die Woche. Im Winter landen sie auf Schnee, im Sommer auf Matten.

Gecheckt:

Weil Skispringer durch die Luft segeln wie Vögel, heißen sie auch Adler. In den Anfängen des Sports haben die Springer in der Luft gerudert, wie ein Vogel mit den Flügeln schlägt. Bringt aber nicht viel. Deshalb haben sie danach versucht, mit den Armen nah am Körper wie ein Fisch durch die Luft zu gleiten. Auch nicht so toll. Heute wird nur noch der Froschstil benutzt. Dabei öffnet der Springer in der Luft seine Skier zu einem V und segelt auf einem Luftpolster ins Tal.

Was haben Skispringer mit Tieren zu tun?

Birger Ruud im Vogelstil

Check's selbst!

Stell dich an einem windigen Tag mit deiner Jacke draußen hin und mach dich möglichst schmal, die Arme an den Körper, und halte dich ruhig wie ein Fisch. Danach breite die Arme im Wind aus, sodass die Jacke von oben nach unten wie ein V aussieht. Wen trägt der Wind eher fort, den Fisch oder den Frosch?

Was ist ein Telemark?

Gecheckt:

Der Knicks, den die Skispringer bei der Landung machen, heißt Telemark. Dafür muss der Springer bei der Landung in die Knie gehen und die Skier versetzt aufsetzen.

Je schöner oder „sauberer" er den Telemark hinbekommt, desto mehr Punkte erhält er von den Punktrichtern.

Gewinnen kann nur, wer möglichst weit durch die Luft segelt UND einen ordentlichen Telemark schafft.

Warum rufen die Zuschauer beim Skispringen oft „ZIIIIEEEEHHHN"?

A Damit wollen sie den Springer anfeuern, seinen Flug möglichst weit den Berg „hinunterzuziehen".

B Das kommt aus einer Zeit, in der die Springer an Kabeln den Berg hochgezogen wurden.

C Das rufen eigentlich nur die Trainer, um den Springer zu motivieren.

Auflösung auf Seite 110

Die **Sprungskier** sind länger und breiter als normale Skier, damit sie hohe Geschwindigkeiten in der Anlaufspur schaffen und den Springer stabil in der Luft halten.

Skier: fast 3 m lang und 12 cm breit

Der Pferde-Check

Ganz ehrlich: Ich bin noch nie geritten und hatte immer einen riesigen Respekt vor Pferden. Aber Peter vom Gestüt Schwaiganger hat mir ein paar Tricks gezeigt, wie man mit Pferden reden kann und wo man sie kraulen muss. Zum Schluss hab ich mich sogar aufs Pferd gesetzt und es hat echt richtig Spaß gemacht!

Was ist ein Kaltblüter?

Gecheckt:

Mit der Temperatur des Blutes hat das nichts zu tun, sondern mit dem Temperament des Pferdes. Ein Kaltblüter ist sozusagen ein „cooler Typ", also ein Pferd, das sich nicht so leicht aus der Ruhe bringen lässt. Kaltblüter sind schwer und stark und werden meistens zum Ziehen von schweren Lasten oder Kutschen eingesetzt.

Vollblüter dagegen sind stürmische Rennpferde, die sich kaum zur Ruhe bringen lassen. Warmblüter stehen zwischen Kalt- und Vollblütern.

Das ist ja ein echtes Mini-Pferd! Aber es geht noch viel kleiner: Das kleinste Pferd der Welt heißt Thumbelina und ist nur 44,5 Zentimeter groß. Wenn du zwei Checkerbücher übereinanderstellst, sind die schon größer!

Faktencheck

Pferderassen: Es gibt etwa 200 bis 300 Rassen. Sie unterscheiden sich nicht nur in Größe oder Farbe, sondern auch in ihren Eigenschaften: Es gibt beispielsweise schnelle Renner, gute Springer oder starke Träger.

Arbeitspferde: Vor 5.000 Jahren fingen die Menschen an, wilde Pferde zu zähmen und als Arbeits- und später auch als Reittiere zu nutzen.

Fluchttiere: Wenn Pferde Angst bekommen, rennen sie weg. Daher nennt man sie „Fluchttiere". Wenn Pferde Vollgas geben, nennt man das „Galopp". Sie können aber auch gehen („Schritt") oder joggen („Trab").

Frühstart ins Leben! Schon 30 Minuten nach der Geburt können Fohlen laufen.

Trainierte Pferde erreichen für kurze Zeit bis zu 70 Stundenkilometer. Der schnellste Mensch kann gerade mal 44 Stundenkilometer schnell rennen.

Checkerbude

Genau geschaut: Die pferdige Verwandtschaft

Esel: Sie stammen aus den Bergen und da wäre es doof, bei Gefahr davonzurennen. Esel bleiben eher stehen, erstarren fast. Daher haben sie den Ruf, dumm oder stur zu sein. Eigentlich ist das aber echt schlau, weil sie dadurch in den Bergen nicht so leicht abstürzen!

Maultier oder Muli: Wenn die Mama ein Pferd ist und der Papa ein Esel, kommt als Baby ein Maultier, auch genannt „Muli“, heraus.

Maulesel: Es geht auch andersherum: Die Mama ist ein Esel und der Papa ein Pferd. Der Maulesel sieht eher wie ein Esel aus und ist gemütlicher und vorsichtiger als das Muli.

Zebra: Weiße Pferde mit schwarzen Streifen heißen Zebras. Auch sie gehören zu den Pferden, manche sagen auch „Tigerpferd“.

Flusspferd: Ui, da hat sich ein dicker Onkel ins Familienalbum geschlichen. Moment! Stimmt nicht, obwohl es den gleichen Nachnamen „- pferd“ trägt, hat das Flusspferd mit Pferden nichts zu tun! Flusspferde sind mit Schweinen verwandt.

Nashorn: Was macht denn das Nashorn hier? Es stimmt: Nashörner sind eng mit den Pferden verwandt, obwohl sie sich gar nicht ähnlich sehen.

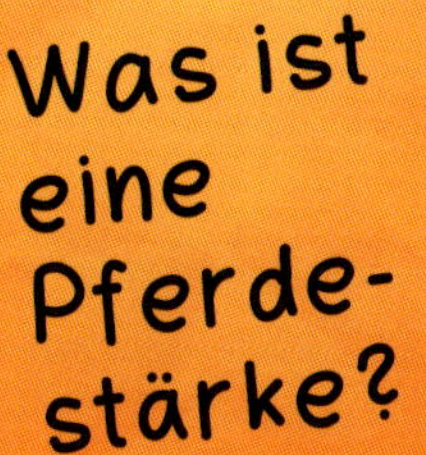

Pferdestärke (PS)

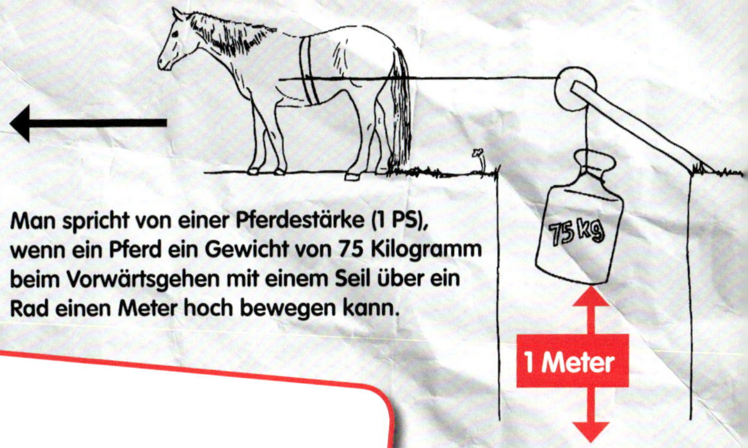

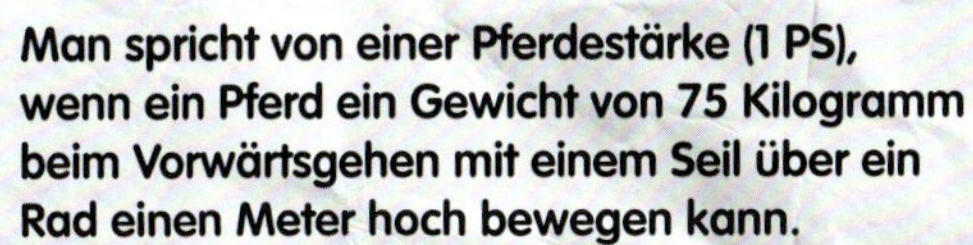
Man spricht von einer Pferdestärke (1 PS), wenn ein Pferd ein Gewicht von 75 Kilogramm beim Vorwärtsgehen mit einem Seil über ein Rad einen Meter hoch bewegen kann.

75 kg

1 Meter

Gecheckt:

In Pferdestärken oder PS wird die Kraft einer Maschine gemessen. Erfunden hat die Einheit der Ingenieur James Watt. Der wollte den Betreibern von Bergwerken, die zu der Zeit Shetland-Ponys zum Abtransport von Schutt eingesetzt haben, seine neuen Maschinen verkaufen. Dazu berechnete er, wie viele Pferde seine Maschinen ersetzen könnten: Ein Pony kann 75 Kilo in einer Sekunde einen Meter hochheben. Diese Kraft ist eine Pferdestärke.

Tse,
Tse, ...

FÜR OBERCHECKER!

Die Streifen haben Zebras zur Tarnung. Wenn viele zusammenstehen, kann zum Beispiel der Löwe das einzelne nur schwer erkennen. Auch fiese Insekten wie die afrikanische Tsetsefliege übersehen die Typen im Streifenanzug leicht.

Wie biegt man Hufeisen in Form?

Gecheckt:

Etwa alle sechs Wochen gibt's neue „Schuhe" für Pferde. Mit Hufeisen halten die Hufe länger, vor allem, wenn Pferde viel auf harten Böden wie Straßen laufen. Ein „Pferdeschuh" beginnt als Eisenstab. Den grillt der Hufschmied auf dem offenen Feuer und klopft die glühende Stange über einem Amboss rund. Das heiße Eisen wird an den Huf angepasst und mit Nägeln festgemacht.

Keine Angst, dem Pferd tut das nicht weh. Pferdehufe sind dicke Hornschichten, so wie unsere Zehennägel.

Die Löcher im Hufeisen sind für die Nägel, die in den Pferdehuf eingeschlagen werden.

In der Schmiede klopft Can den glühend heißen Eisenstab in Hufeisenform.

Warum bringen Hufeisen Glück?

Gecheckt:

Wenn Glück von oben ins Hufeisen fällt, kommt es wegen der Form nicht mehr raus. Logisch. Es gibt aber noch mehr Geschichten, warum ein Hufeisen Glück bringen soll. Eine handelt vom Teufel, der sich bei einem Hufschmied neue Hufeisen machen lassen wollte. Der Schmied fing den Teufel und ließ ihn erst frei, nachdem der Teufel versprochen hatte, sich nie an Orten blicken zu lassen, an denen ein Hufeisen hängt. Darum bringt ein Hufeisen an der Wand Glück.

Wie im Wilden Westen: Can und Melody fahren in den Sonnenuntergang.

Der Kaffee-Check

Die Erwachsenen machen ja einen ziemlichen Rummel rund um den Kaffee. Überall auf der Welt wird er getrunken, es gibt Tausende verschiedener Sorten, Namen und Mischungen. Ich will endlich mal herausfinden: Was hat's eigentlich auf sich mit der braunen Brühe?

Welche Farbe haben Kaffeebohnen?

Gecheckt:

Klarer Fall: schwarz-braun natürlich! Oder? Eben nicht: Kaffeebohnen wachsen an Kaffeebäumen als sogenannte „Kaffeekirschen". Die sind grün und färben sich rot, wenn sie reif werden. In der Kirsche stecken immer zwei Bohnen. Die rohen Kaffeebohnen sind gelblichgrün! So kommen sie mit dem Schiff an. Erst die Kaffeerösterei heizt den grünen Bohnen so ein, dass sie braun oder schwarz werden.

Können Katzen Kaffee kacken?

Gecheckt:

Ja! Klingt eklig, gilt aber als Delikatesse! Der asiatische Fleckenmusang ist eine Katzenart, die gerne Kaffeekirschen frisst. Das Fruchtfleisch ist lecker, die Bohnen kommen wieder raus. Die können „Kaffeekatzen" nämlich nicht verdauen und kacken sie irgendwo auf den Dschungelboden. Dort werden sie gesucht, gesammelt, gewaschen und zum teuersten Kaffee der Welt gemacht. Der heißt Kopi Luwak, ist einhundertmal teurer als normaler Kaffee und soll erdig-schokoladig schmecken.

Faktencheck

Kaffee stammt eigentlich aus Afrika, genauer gesagt aus Äthiopien. Von dort aus hat er sich auf der ganzen Welt ausgebreitet.

Angebaut wird der Kaffee, den wir heute trinken, entweder immer noch in Afrika oder auch oft in Südamerika oder Südostasien.

Containerschiffe bringen jedes Jahr mehr als 540 Millionen Kilo Kaffee nach Deutschland. Das reicht, um das größte Containerschiff der Welt fast zweimal nur mit winzigen Kaffeebohnen für Deutschland voll zu machen!

SO MACHT'S DER CHECKER!

Ich kaufe KEINEN Katzenkackekaffee! Weil die Bewohner in Katzenkackekaffee-Gegenden sehr arm sind und dieser Kaffee so teuer ist, versuchen manche, die Kätzchen mit Kaffeekirschen vollzustopfen. Das ist Tierquälerei!

Der Fleckenmusang kackt die Bohnen wieder raus.

Auf verschiedenen Kontinenten wird Kaffee angebaut.

Afrika

Südamerika

Südostasien

Warum macht Kaffee wach?

Gecheckt:

Im Kaffee ist der natürliche Wirkstoff Koffein drin. Der heißt so, weil er vor allem im Kaffee vorkommt, aber auch in manchen Tees oder in Cola. Koffein hilft dem Gehirn, sich besser zu konzentrieren, länger wach zu bleiben und insgesamt „besser drauf" zu sein. Auch das Herz schlägt etwas schneller. Achtung: Zu viel Koffein bringt auch zu viel Wirkung: Das Herz rast, man kann nicht einschlafen, wird nervös und zittrig.

Check's selbst!

Du brauchst undurchsichtige Gefäße wie Tassen und ein bisschen Alufolie. Dann organisierst du dir aus der Küche verschiedene Sachen, die unterschiedlich riechen. Zum Beispiel Kaffeepulver, Kakaopulver, Pfefferminztee, Paprikapulver, Pfeffer oder was du sonst findest. Ein wenig davon in die Tassen, Folie drüber, Löcher reinpieksen und Freunden oder der Familie unter die Nase halten. Wer hat den besten Riecher?

Reines Koffein ist giftig, aber im Kaffee ist es zum Glück sehr stark verdünnt.

Checkerbude

Genau geschaut: Die verrückte Welt des Kaffees!

Richtig guten Kaffee zu machen, ist eine Kunst. Es kommt drauf an, ob und wie viel Milch, Milchschaum oder Sahne dabei ist und wie viel Kaffee in die Tasse kommt. Außerdem: Wie stark der Kaffee ist, also wie viel Kaffeepulver und wie viel Wasser benutzt wurde. In jedem Land der Erde gibt es unterschiedliche Spezial-Kaffees, die anders schmecken und oft lustig heißen. Ein paar Beispiele:

Deutschland: Beim **Milchkaffee** kommt aufgeschäumte Milch auf den Kaffee.

Österreich: Hier wird bei der **Wiener Melange** der Milchschaum vorsichtig auf den Kaffee gehoben.

Frankreich: **Café au Lait:** Die Milch wird mit dem Kaffee verrührt.

Italien: Beim **Café Latte** ist die Basis warme Milch. Darüber kommt ein Espresso und obendrauf jede Menge Milchschaum. Wird im Glas getrunken.

Tagsüber: Ein kleiner, starker Kaffee, der Espresso, macht schnell wach und fit.

Der Schlagzeug-Check

Ich wollte immer ein Schlagzeug, hab aber keins bekommen. Darum hab ich meiner Mama einfach Töpfe, Deckel und Kochlöffel geklaut und losgetrommelt. Hat sich zwar nicht so schön angehört wie mit einem echten Schlagzeug, aber viel Krach und viel Spaß hat's trotzdem gemacht!

Becken

Toms

Hi-Hat

Snare-Drum

Bass-Drum

Bass-Drum: erzeugt sehr tiefe Töne, wird mit dem Fuß geschlagen

Snare-Drum: „schnarrender" Ton durch einen Teppich aus Metallspiralen

Hi-Hat: gibt zusammen mit der Bass-Drum den Rhythmus vor

Toms: je kleiner die Tom, desto höher der Ton

Becken: erzeugt einen zischenden Ton

Drum-Sticks: „Schlagstöcke", mit denen man das Schlagzeug spielt

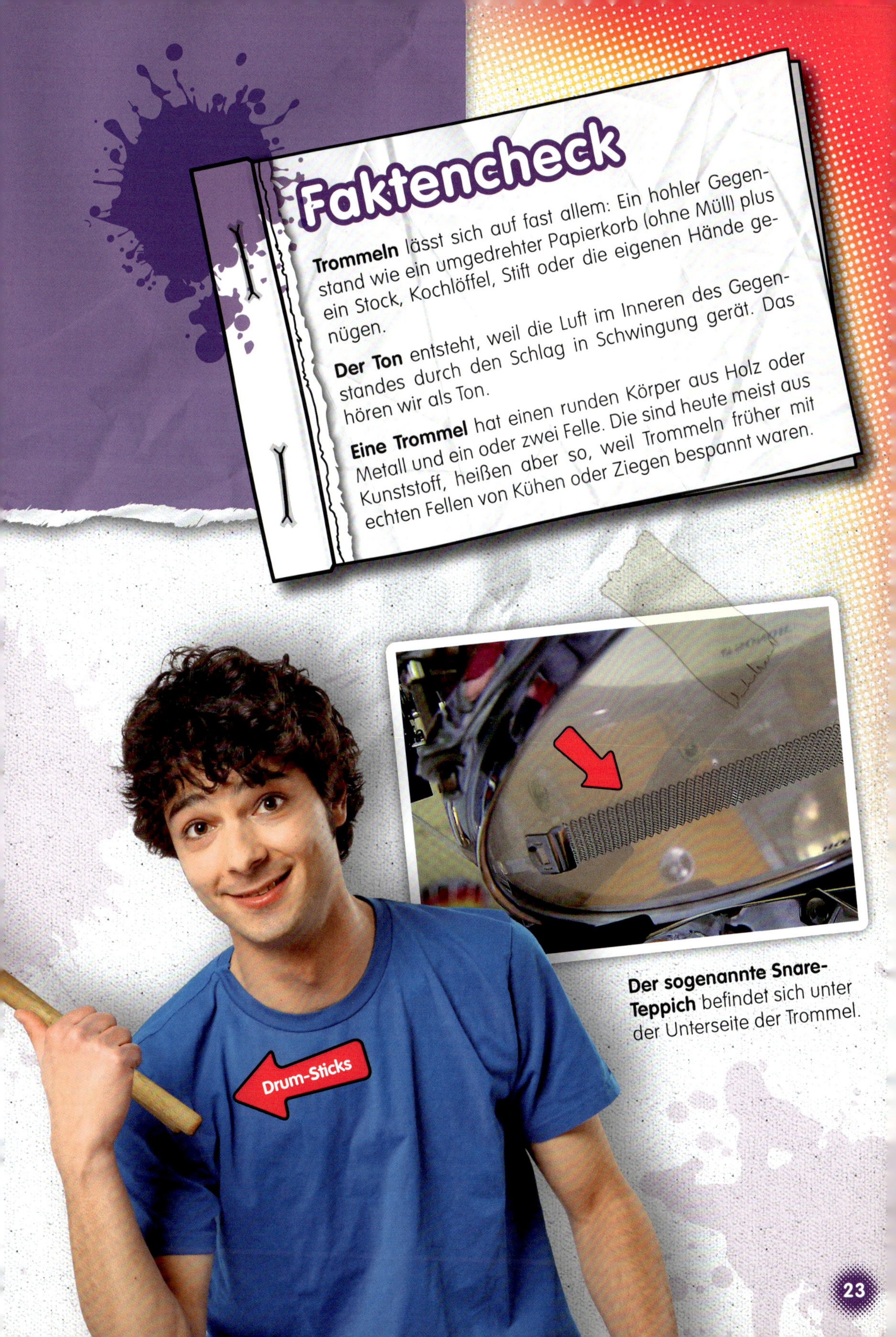

Faktencheck

Trommeln lässt sich auf fast allem: Ein hohler Gegenstand wie ein umgedrehter Papierkorb (ohne Müll) plus ein Stock, Kochlöffel, Stift oder die eigenen Hände genügen.

Der Ton entsteht, weil die Luft im Inneren des Gegenstandes durch den Schlag in Schwingung gerät. Das hören wir als Ton.

Eine Trommel hat einen runden Körper aus Holz oder Metall und ein oder zwei Felle. Die sind heute meist aus Kunststoff, heißen aber so, weil Trommeln früher mit echten Fellen von Kühen oder Ziegen bespannt waren.

Der sogenannte Snare-Teppich befindet sich unter der Unterseite der Trommel.

Was ist Rhythmus, was ist Takt?

Gecheckt:

Der Takt ist die Zeit, in der im Lied etwas passiert. Die bleibt immer gleich. Zum Beispiel der „Viervierteltakt". Zähl mal mit: „1-2-3-4, 1-2-3-4". Und so weiter. Rhythmus ist das, was der Schlagzeuger in diesem Takt, also der gleichbleibenden Zeit, trommelt. Also zum Beispiel: Snare – Snare – Pause – Bass, Snare – Snare – Pause – Bass.

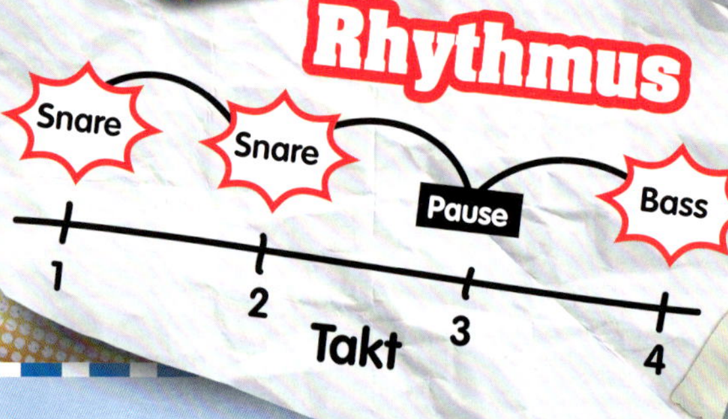

Checkerbude

Genau geschaut: Felltrommel & Trommelfell

Nicht nur die Trommel hat ein Fell, auch wir Menschen haben eins: das Trommelfell. Das brauchen wir, damit wir überhaupt etwas hören können. Das funktioniert so:

1. Schlag auf die Trommel
2. Fell der Trommel schwingt
3. Luft drumrum schwingt mit
4. Schallwellen breiten sich durch die Luft aus
5. Schallwellen treffen aufs Ohr
6. Schallwellen bringen das Trommelfell im Ohr in Schwingung
7. Mini-Knochen Hammer, Amboss und Steigbügel übertragen die Schwingung ans Gehirn
8. Gehirn „übersetzt" die Schwingungen: Aha, da hinten hat gerade einer aufs Fell einer Trommel gehauen!

Wer telefoniert mit Trommeln?

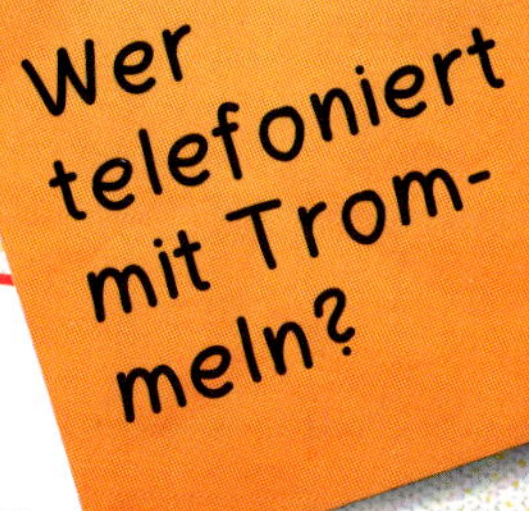

Gecheckt:

Richtig telefonieren kann mit Trommeln keiner. Aber eine Trommel kann man ziemlich weit hören. Deshalb waren Trommeln zum Beispiel in abgelegenen Urwalddörfern ein wichtiges Verständigungsmittel. So konnten sich die Bewohner warnen, wenn wilde Tiere in der Gegend waren, oder signalisieren: „Bei uns ist alles o.k., wie geht's euch da drüben?"

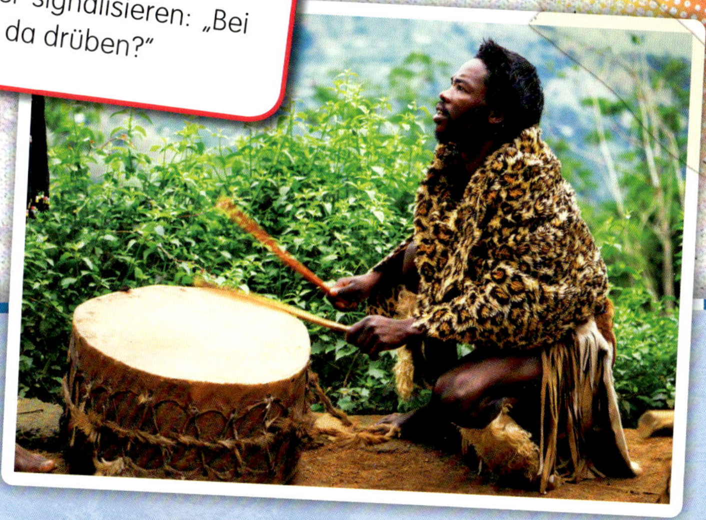

Ein afrikanischer Zulu-Krieger mit einer traditionellen Trommel.

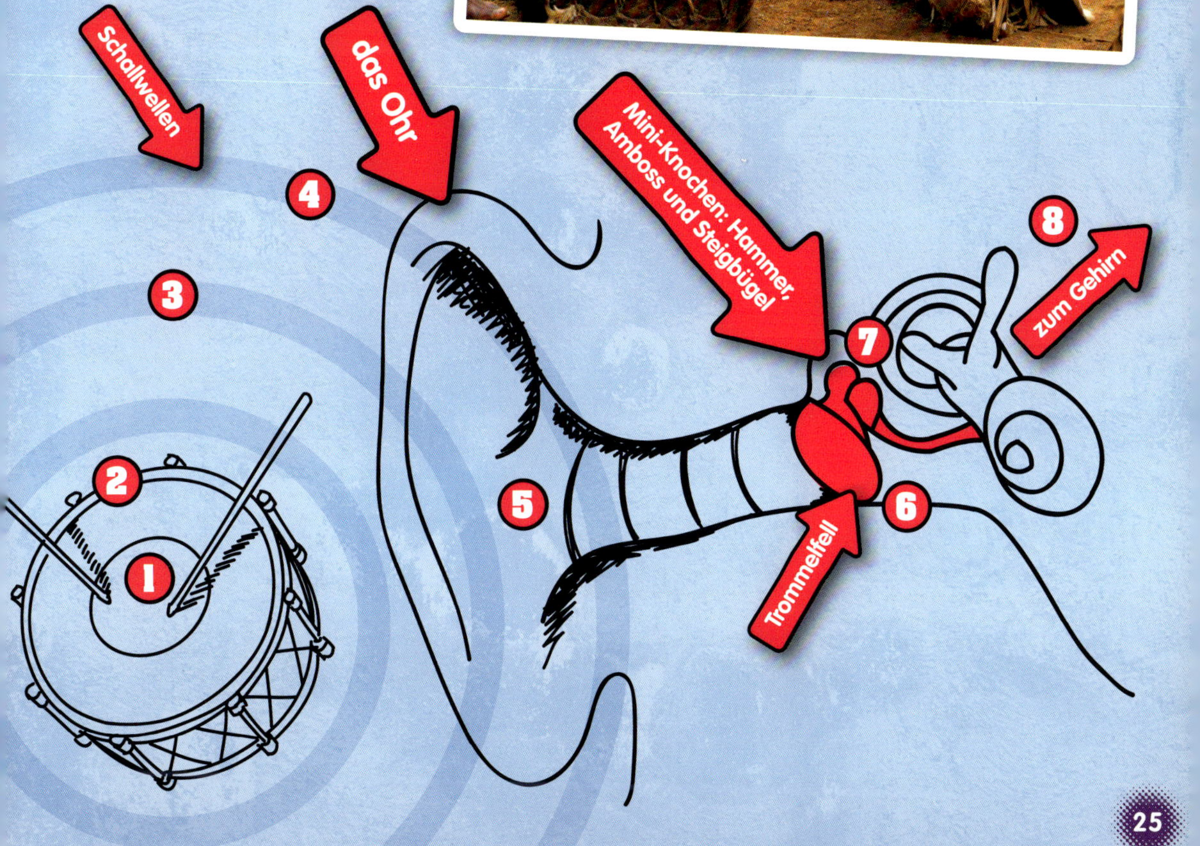

Schallwellen
das Ohr
Mini-Knochen: Hammer, Amboss und Steigbügel
zum Gehirn
Trommelfell
1
2
3
4
5
6
7
8

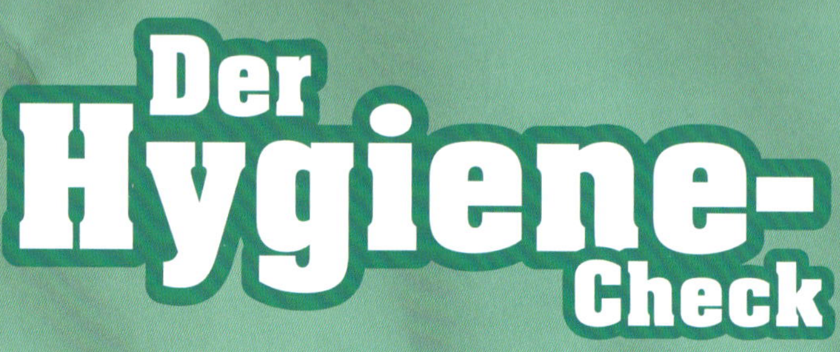

Der Hygiene-Check

Hast du ein Haustier? Ich hab zum Beispiel Wollmäuse. Die schauen flauschig aus, sind zum Kuscheln aber nicht geeignet. Wollmäuse sind eine Mischung aus Haaren und Staub – kurz: Dreck. Der kann krank machen. Dagegen hilft: Hygiene!

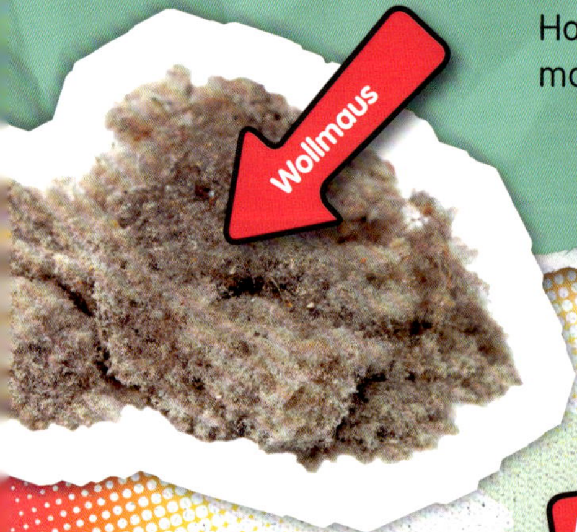

Wollmaus

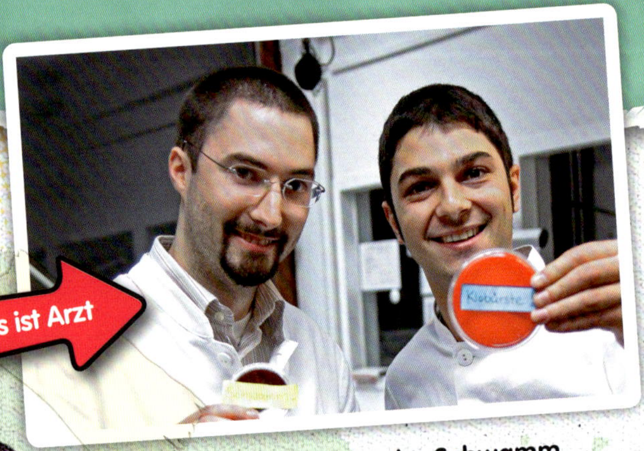

Andreas ist Arzt
Klobürste

Klobürste oder Schwamm, das ist hier die Frage.

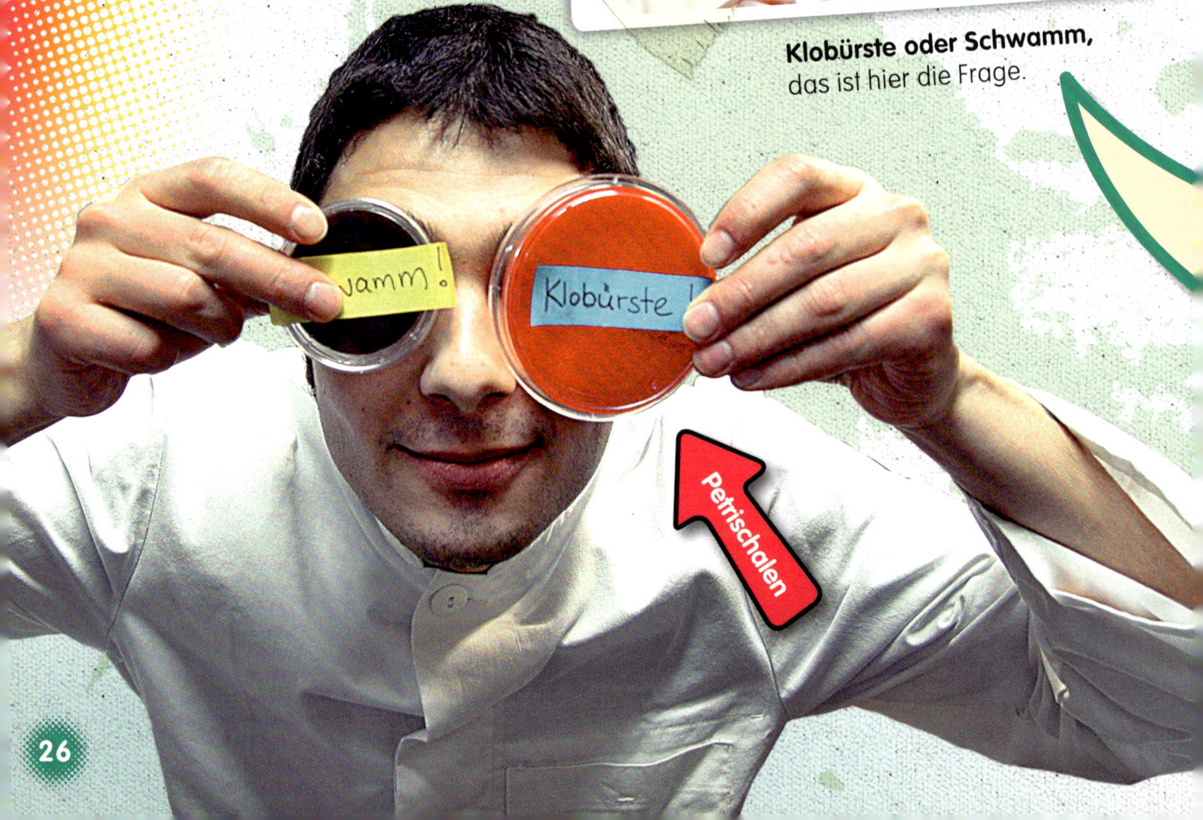

vamm!
Klobürste !
Petrischalen

Faktencheck

Hygiene kommt von Hygieia, der griechischen Göttin der Gesundheit. Bei der Hygiene geht's also nicht nur ums Saubermachen, sondern vor allem ums Gesundbleiben.

Wenn die Hygiene nicht stimmt, kann man krank werden. Schuld sind verschiedene **Krankheitsauslöser**, die wir durchs Saubermachen beseitigen können.

Warum werden wir krank, wenn die Hygiene fehlt?

Gecheckt:

Winzig kleine Lebewesen, wie zum Beispiel Bakterien und Milben, wuseln überall um uns herum. Das ist ganz normal und auf keinen Fall unhygienisch. Im Gegenteil: Viele Bakterien brauchen wir sogar, um gesund zu bleiben. Ein paar wenige schaden uns Menschen aber und machen uns krank. Die kriegen wir mit genügend Hygiene in den Griff.

Checkerwette!

Andreas ist Arzt und kennt sich mit winzigen Lebewesen aus. Er behauptet: Bakterien sind überall, aber ganz besonders auf dem Küchenschwamm. Ich bin mir sicher, dass die Klobürste das schmutzigste Ding in der Wohnung ist. Was glaubst du?
Damit wir wissen, wer gewinnt, hat Andreas eine „Bakterien-Falle" dabei, eine sogenannte Petrischale. In der vermehren sich Bakterien besonders schnell. Der Verlierer muss im Klobürstenkostüm durch die Stadt laufen ... Die Wette gilt!

Unter dem **Mikroskop** sieht die Welt nicht immer besonders kuschelig aus.

isst Hautschuppen: Guten Appetit!

Um etwas über unsere **kleinsten „Haustiere“** zu erfahren, braucht man ein Mikroskop.

Checkerbude

Genau geschaut: Was steckt im Dreck?

Bakterien

Bakterien sind tausendmal kleiner als ein Sandkorn! Sie sind immer und überall: am Boden, in der Luft, im Auto, auf der Mütze. Am liebsten haben sie's feucht und warm.

Viele Bakterien sind für uns lebensnotwendig: Im Darm zum Beispiel werkeln Millionen Bakterien, um das Essen weiter zu zerkleinern. Nur so kann's unser Körper aufnehmen und bekommt Kraft. Ein paar wenige Bakterien aber können unserem Körper auch schaden.

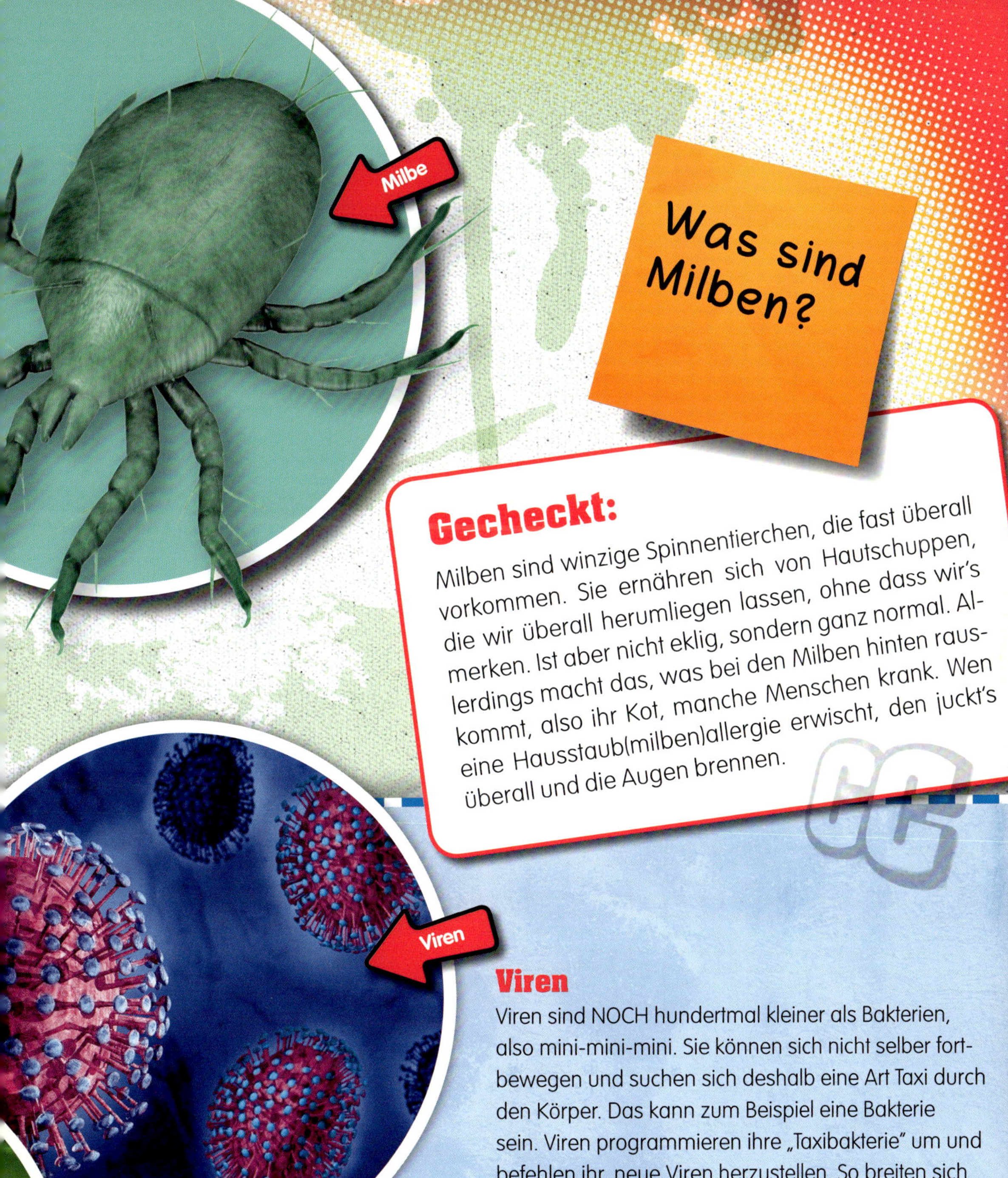

Gecheckt:

Milben sind winzige Spinnentierchen, die fast überall vorkommen. Sie ernähren sich von Hautschuppen, die wir überall herumliegen lassen, ohne dass wir's merken. Ist aber nicht eklig, sondern ganz normal. Allerdings macht das, was bei den Milben hinten rauskommt, also ihr Kot, manche Menschen krank. Wen eine Hausstaub(milben)allergie erwischt, den juckt's überall und die Augen brennen.

Viren

Viren sind NOCH hundertmal kleiner als Bakterien, also mini-mini-mini. Sie können sich nicht selber fortbewegen und suchen sich deshalb eine Art Taxi durch den Körper. Das kann zum Beispiel eine Bakterie sein. Viren programmieren ihre „Taxibakterie" um und befehlen ihr, neue Viren herzustellen. So breiten sich Viren schnell im Körper aus und machen krank.

Unter dem Mikroskop sehen Bakterien aus wie kleine Bälle oder kleine Stäbchen und schließen sich meistens zu kleinen Häufchen zusammen, die einer Himbeere ähneln.

Wo ist es super sauber?

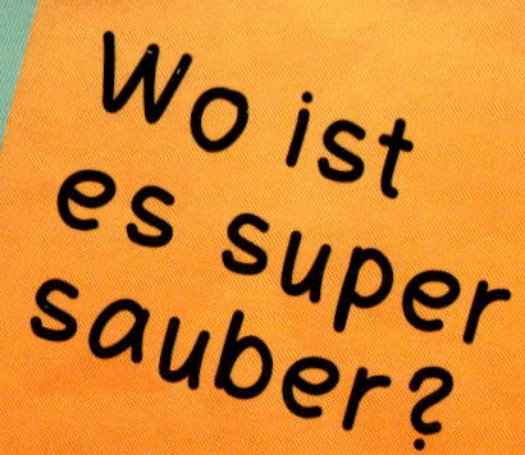

Gecheckt:

Im Operationssaal ist es supersauber! Hygiene ist im Krankenhaus das Allerwichtigste, damit sich Ärzte und Patienten nicht anstecken. Alles wird ständig geputzt, gewaschen oder ausgetauscht. Gecheckt!

Vorher Hände waschen: Mindestens **fünf Minuten** lang einseifen bis zum Ellenbogen, dann **noch mal fünf Minuten(!)** mit einem Spezialmittel abrubbeln, gründlich abtrocknen.

Blitzblank: Im Operationssaal sollen kranke Menschen gesund werden, nicht noch kränker. Darum ist die Hygiene hier besonders wichtig!

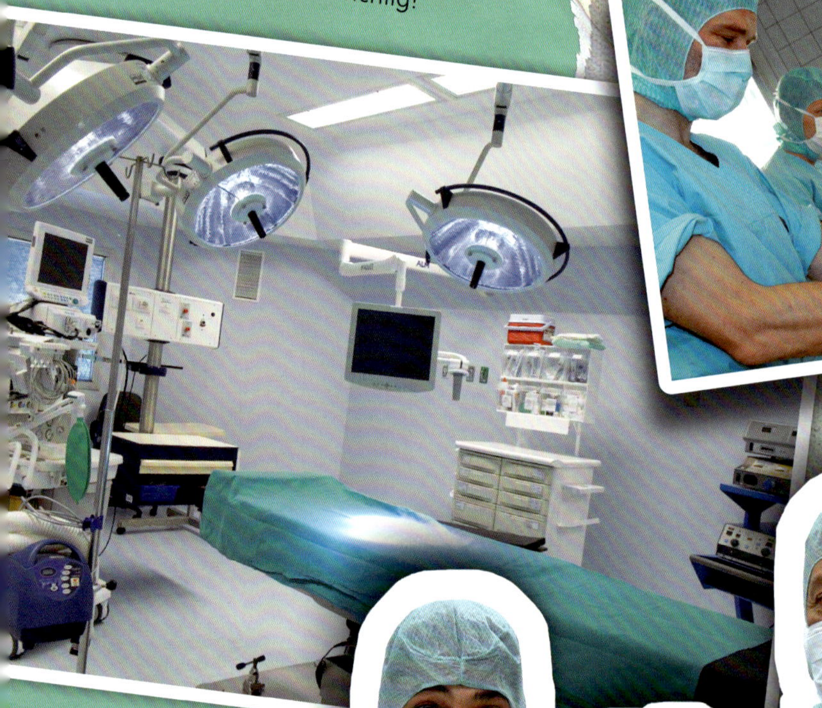

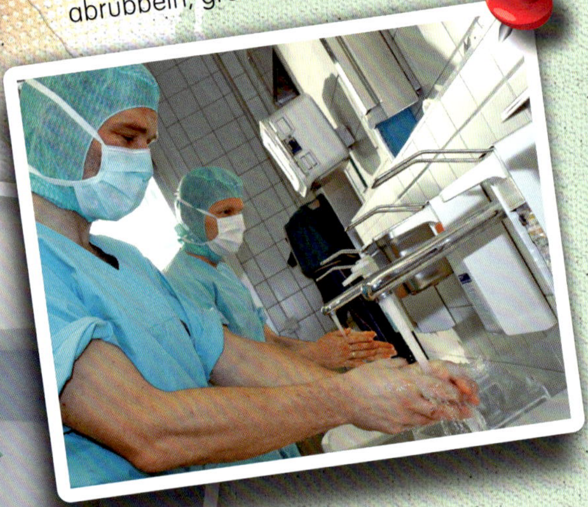

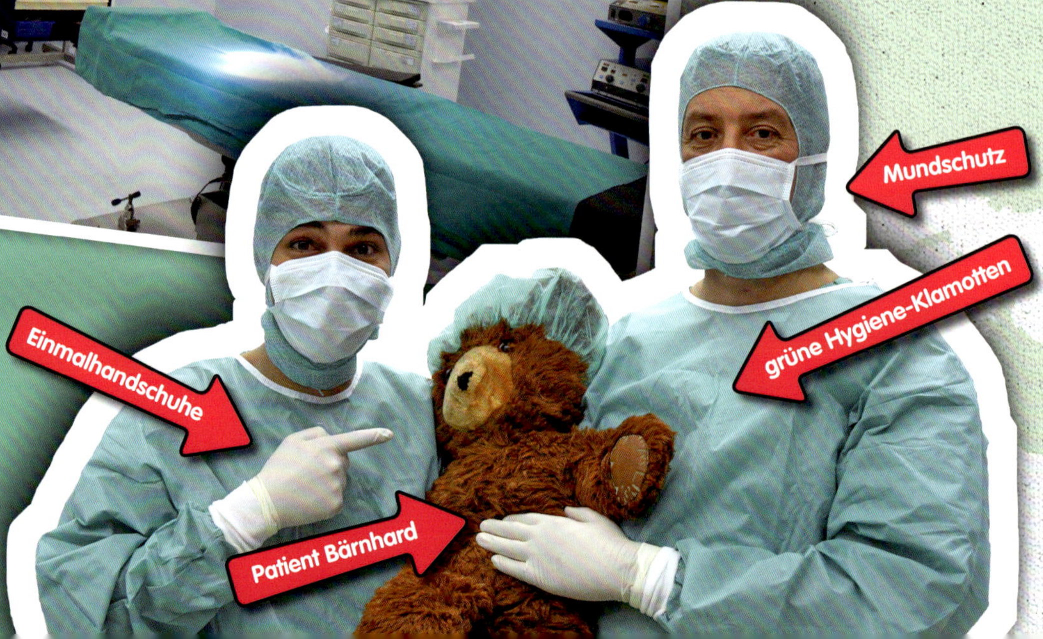

Mundschutz
grüne Hygiene-Klamotten
Einmalhandschuhe
Patient Bärnhard

SO MACHT'S DER CHECKER!

Hygiene ist wichtig, um nicht krank zu werden. Was kann man tun?

- Saubermachen hilft!
- Händewaschen ist ganz wichtig! Der unsichtbare Schmutz muss weg, Bakterien und Viren. Niest zum Beispiel jemand, wäscht sich nicht sofort die Hände und fasst dann eine Türklinke an. Schwupp: Der Nächste sammelt sich die Viren von der Klinke.
- Wenn ich an Orten war, an denen viele Menschen sind, seife ich meine Hände mindestens eine halbe Minute ordentlich ein, spüle sie gründlich ab und rubble sie trocken. Natürlich immer vor dem Essen und nach dem Klo. (K)logisch!

CHECKERWETTE – AUFLÖSUNG:

Jetzt noch schnell die Auflösung der Hygiene-Checkerwette: Sind mehr Bakterien auf dem Küchenschwamm oder auf der Klobürste?

Bakterien vom Küchenschwamm

Andreas hatte echt recht: Auf dem Schwamm sind viel mehr Bakterien! Die scharfen Klo-Reinigungsmittel lassen Bakterien auf der Klobürste nämlich kaum eine Chance.

Wettschulden sind (leider) Ehrenschulden ...

Der Grünzeug-Check

Ich denke bei Grünzeug ja immer zuerst an Spinat. Schmeckt lecker, finde ich. Ist ja auch gesund. Aber als kleines Kind habe ich Spinat nicht gern gegessen. In der Checker-Sendung hab ich gelernt, dass Grünzeug natürlich noch sehr viel mehr ist als Spinat. Drum werden jetzt jede Menge Pflanzen gecheckt!

Tomatensamen in einer aufgeschnittenen Tomate

Warum wird die Tomate rot?

Gecheckt:

Wenn sie wachsen, sind Tomaten grün. Reife Tomaten werden rot. Sie schämen sich aber nicht, sondern zeigen mit Farbe und Geruch: Ich bin lecker reif, kommt, liebe Tiere, und fresst mich. Warum?
In der reifen Tomate sind Samen drin, Tiere fressen die Tomate und die Samen kommen hinten wieder raus. So können an dem neuen Ort aus den Samen neue Tomatenpflanzen wachsen.

Faktencheck

Grünzeug heißt mit lateinischem Fachbegriff Flora.

Flora meint alle Arten von Pflanzen, die in einem bestimmten Gebiet vorkommen.

Ungefähr 400.000 verschiedene Pflanzenarten sind bisher auf der Welt entdeckt worden. Es kommen aber ständig neue Arten hinzu.

Säen: Steckt man Samen in die Erde und pflegt sie, sodass daraus eine Pflanze wächst, heißt das „säen".

Warum sind Blüten bunt?

Gecheckt:

Genau wie rote Tomaten, locken Pflanzen mit schönen bunten Blüten Insekten an, zum Beispiel Bienen. Die Biene trinkt den süßen Nektar und fliegt weiter zur nächsten Blüte. An ihren Beinen bleiben immer ein paar Pollen (also Blütenstaub) hängen, die die Biene zur nächsten Pflanze mitnimmt. Dort entstehen dann Samen, aus denen wieder neue Pflanzen wachsen. „Bestäuben" nennt man das.

400.000 verschiedene Pflanzenarten

Abenteuer Blumenwiese: Im Garten ist viel mehr los, als du glaubst. Check's selbst!

Check's selbst!

Check's doch selbst: den Urwald vor deiner Haustür!
Kaum zu glauben, aber eine Wiese ist ein Urwald im Mini-Format. Nimm dir 'ne Lupe mit und dann runter mit der Nase und genau nachgeschaut!

Checkerbude

Genau geschaut: Warum sind Pflanzen grün?

Der Farbstoff „Chlorophyll" macht Pflanzen grün. Den braucht die Pflanze für die sogenannte „Fotosynthese". Und die funktioniert so:

1. Chlorophyll nimmt die **Energie der Sonne** auf. Außerdem gelangt über winzige Löcher das Gas **Kohlendioxid (CO_2)** ins Blatt (entsteht zum Beispiel beim Ausatmen).

Warum verdursten Kaktuspflanzen in der Wüste nicht?

Gecheckt:

Kaktuspflanzen oder Kakteen stehen in der brennend heißen Wüste und werden trotzdem riesig groß, richtig schwer und ziemlich alt. Ihr Trick: Sie haben ein sehr weit verzweigtes Netz an Wurzeln direkt unter dem Wüstenboden. Wenn es wirklich mal regnet, sammeln sie so richtig viel Wasser ein und speichern es in ihrem Inneren wie ein Schwamm. So halten sie's monatelang bis zum nächsten Regen aus.
Durch die Stacheln verliert der Kaktus außerdem kaum Wasser – anders als bei Blättern.

Die Stacheln schützen den Kaktus auch vor durstigen Tieren.

2. Gleichzeitig versorgen die Wurzeln die Pflanze mit **Wasser**.

3. Aus der **Sonnenenergie**, dem **Wasser** und dem **Gas CO_2** stellt die Pflanze **Traubenzucker** her, den sie zum Leben braucht. Diesen Vorgang nennt man **„Fotosynthese"**.

4. Bei der Fotosynthese entsteht außer Traubenzucker noch **Sauerstoff**. Und den brauchen Menschen und Tiere zum Atmen.

Der Tasten- instrumente- Check

Bei Tasteninstrumenten denke ich sofort ans Klavier. Es gibt aber noch ganz andere. Die Orgel zum Beispiel, die gab's sogar schon viel früher. Sie ist so etwas wie ein Ur-Keyboard, das alle möglichen Instrumente nachmachen kann. Ist aber auch ziemlich groß und teuer ... Hier kommt der Tasteninstrumente-Check!

Wie orgelt die Orgel?

Gecheckt:

Orgeln funktionieren mit Luft aus einem großen Ventilator. Auf Tastendruck wird die Luft in verschiedene Pfeifen gepustet. Die Pfeifen sind die langen Rohre, die du zum Beispiel in der Kirche sehen kannst.
Sie funktionieren ähnlich wie eine Blockflöte: Luft wird über eine Kante gejagt und dadurch in Schwingung versetzt. So entsteht ein Ton.
Verschiedene Töne erzeugt der Orgelspieler, der Organist, indem er Luft in andere Pfeifen bläst: Je länger die Pfeife, desto tiefer der Ton.

Was ist ein Register?

Gecheckt:

Ein Register besteht aus 56 Pfeifen, die ähnlich klingen. Jedes Register hat einen Namen wie Posaune oder Blockflöte, weil Register den Klang von anderen Instrumenten imitieren, also nachmachen.
Wenn der Orgelspieler den Knopf eines Registers herauszieht, ist das Register ausgewählt. Über Tasten (ähnlich wie beim Klavier) spielt er dann die 56 Pfeifen, die sich wie eine Blockflöte anhören! Zieht er noch mehr Register, klingen beim Druck auf eine Taste mehrere Pfeifen, also „Instrumente", gleichzeitig. Verrückt!

Faktencheck

Ein **Tasteninstrument** ist ein Instrument, das mit Tasten gespielt wird. Logisch. Drückt der Musiker auf eine Taste, erklingt ein Ton, lässt er sie los, bleibt's still. Die Tasten können auch als runde Knöpfe vorkommen.

Manche Tasteninstrumente erzeugen ihre **Töne** durch Saiten im Inneren, andere mit Luft und wieder andere elektronisch, also durch einen Computer.

„Königin der Musikinstrumente": Die Orgel gilt als ältestes Tasteninstrument. Du kennst sie aus der Kirche als riesige Monstren mit dem typischen Kirchenklang.

Damit die Orgel zum Beispiel wie eine Blockflöte klingt, muss der Orgelspieler den Knopf herausziehen und so das Blockflöten-Register aktivieren.

Jede Taste spielt eine bestimmte Pfeife im Register. Sind mehrere Register gleichzeitig gezogen, klingen auch mehrere Pfeifen gleichzeitig.

Checkerbude

Genau geschaut: Wie entsteht der Ton?

Prinzip Pfeife
Luft wird über eine Kante geschickt, die Luft schwingt, der Ton klingt. Zum Beispiel: Orgel oder Akkordeon.

Klinge

schwingende Luft = Ton

Prinzip Saite
Eine Saite wird angeschlagen, die Saite bewegt sich, Luft schwingt mit und klingt. Zum Beispiel: Klavier und Flügel.

kleiner Hammer

Saite

schwingende Luft = Ton

FÜR OBERCHECKER!

Wolfgang Amadeus Mozart ist der wahrscheinlich berühmteste Komponist aller Zeiten. Er konnte schon mit vier Jahren Klavier spielen und hat mit fünf seine ersten Lieder komponiert. Ein Genie, der Knirps!

Eine Kirchenorgel zu bauen, dauert schon mal zwei bis drei Jahre und ist richtig teuer. Die größten Orgeln haben mehr als 15.000 einzelne Pfeifen.

Check's selbst!

Was hat die Länge der Saite oder Pfeife mit der Höhe des Tons zu tun? Probier's doch aus, mit der „Linealatur": Du brauchst mindestens zwei Lineale, die du unterschiedlich lang über eine Tischkante gucken und dann schnalzen lässt. Je länger der vibrierende Teil ist, desto tiefer der Ton. Oder?

Der Ozeanriesen-Check

Ahoi! Leute, das war echt beeindruckend: Um sechs Uhr morgens steh ich im Hamburger Hafen und plötzlich kommt so ein riesiges Kreuzfahrtschiff um die Ecke gedampft. Das ist so hoch, dass es für einen Moment sogar die Morgensonne verdeckt hat. Wirklich eine schwimmende Stadt!

„Cheff vom Schiff": Der Kapitän trägt vier goldene Streifen auf der Schulter.

Faktencheck

Schiffe sind die **ältesten Verkehrsmittel der Welt**. Schon vor mindestens 6.000 Jahren waren Menschen in hohlen Baumstämmen („Einbäumen") auf dem Wasser unterwegs.

Die verschiedenen Stockwerke eines Schiffs sind die **Decks**, der Kapitän steuert das Schiff von der **Brücke** aus. Große Zimmer auf Schiffen heißen **Kajüte**, kleine **Kabine** und die Küche heißt **Kombüse**. Betten nennt man **Kojen**.

Der **Hamburger Hafen** ist der größte Hafen in Deutschland. Hier kommen riesige Frachtschiffe an. Pro Jahr werden fast zehn Millionen Container aus aller Welt ein- und ausgeladen.

Warum gehen Ozeanriesen nicht unter?

Gecheckt:

Große Schiffe wiegen locker so viel wie 30.000 Elefanten. Sie sind aus massivem Stahl – und schwimmen trotzdem!

Das liegt an ihrer speziellen Form: Weil Schiffe innen einen Hohlraum haben, in den kein Wasser laufen kann, verdrängen sie viel Wasser. Wenn sie mehr Wasser verdrängen, als sie selbst wiegen, ist der Auftrieb größer und sie schwimmen.

FÜR OBERCHECKER!

Um 6.000 Container 1.000 Kilometer weit zu transportieren, braucht ein Containerschiff 240.000 Liter Treibstoff. Jede Menge! Genügend Lastwagen bräuchten aber fast zehnmal so viel!

Allure of the Seas

Kreuzfahrtschiffe sind schwimmende Hotels für die Passagiere: mit Restaurants, Schwimmbädern, Tennisplätzen und allem Drum und Dran.

Check's selbst!

Du brauchst zwei gleich große Stücke Knete und ein großes Gefäß mit Wasser. Forme aus einem Stück Knete eine Kugel und aus dem anderen einen Schiffsbauch. Setze beide aufs Wasser. Und? Genau: Obwohl beide gleich schwer sind, schwimmt nur die Schiffsform oben, weil sie mehr Wasser verdrängt (vielleicht siehst du auch, dass der Wasserspiegel ein bisschen steigt, wenn du dein Boot vorsichtig aufs Wasser setzt!).

In großen Häfen wie hier in Hamburg werden die Waren aus aller Welt ausgeladen und dann mit Bahn oder Lastwagen weitertransportiert. Bis in den Supermarkt um die Ecke.

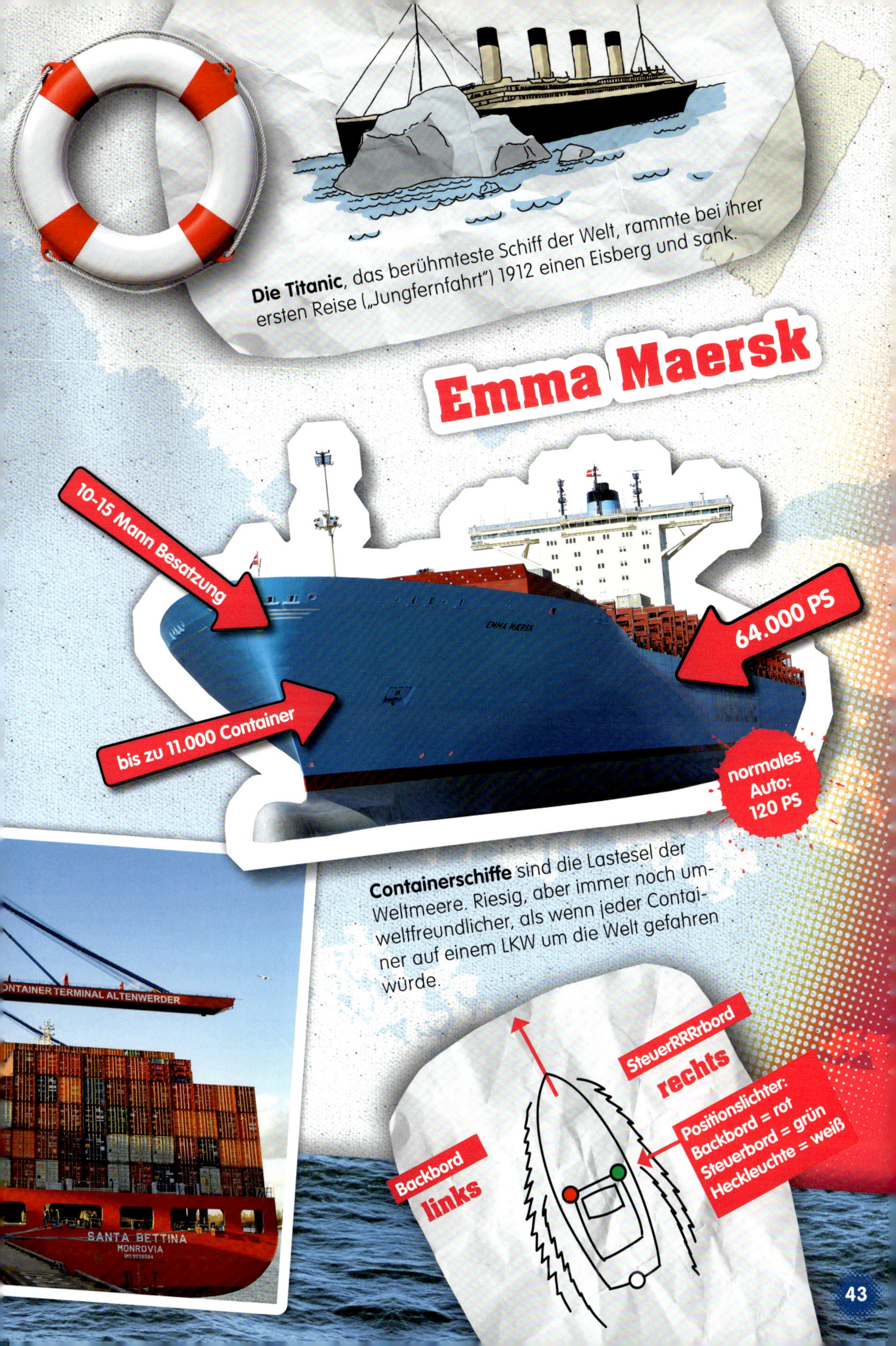

Die Titanic, das berühmteste Schiff der Welt, rammte bei ihrer ersten Reise („Jungfernfahrt") 1912 einen Eisberg und sank.

Emma Maersk

Containerschiffe sind die Lastesel der Weltmeere. Riesig, aber immer noch umweltfreundlicher, als wenn jeder Container auf einem LKW um die Welt gefahren würde.

Der Wie-wird-man-Polizist-Check

110

112

Polizisten kennt jeder. Bis die aber auf Streife gehen, müssen sie ganz schön viel büffeln. Spannend auch, wie viele Spezialabteilungen es bei der Polizei gibt, zum Beispiel die Kripo. Aber egal, wo die Polizisten später hingehen: Jeder fängt erst mal mit der Ausbildung an. Und die erklärt der Wie-wird-man-Polizist-Check!

Wie wird man Polizist?

Gecheckt:

Zum Polizisten musst du dich auf der Polizeischule ausbilden lassen.
Dafür solltest du über 1,65 Meter groß sein, sportlich und natürlich kein Ganove. Mindestens die Mittlere Reife als Schulabschluss wäre gut. Und dann gibt's noch den Auswahltest: Du musst beweisen, dass du lesen und schreiben und dir Dinge gut merken kannst. Auch ein Gespräch, ein Test, ob du gut mit anderen zusammenarbeiten kannst, eine Untersuchung beim Polizeiarzt und ein Sporttest gehören dazu.

Polizisten sorgen für Sicherheit und Ordnung und sind immer für dich da, wenn du mal Hilfe brauchst.

Faktencheck

Die Nummer der Polizei solltest du kennen: **110**! Die Polizei ist da, um uns zu helfen und uns zu schützen. Falls es brennt: **112** für die Feuerwehr wählen.

Die Polizei ermittelt pro Jahr in rund sechs Millionen **(6.000.000!) Straftaten**. Die meisten sind Diebstähle, aber auch Raub, Körperverletzung, Verstöße im Straßenverkehr oder Internet sind dabei.

Immer im Einsatz: Nicht alle Polizisten fahren in Uniform und Polizeiauto auf Streife. Viele sitzen am Schreibtisch („im Innendienst"), sind Taucher, Reiter oder Hubschrauberpiloten.

FÜR OBERCHECKER!

Die Sterne auf den Schultern der Polizeiuniform verraten den „Dienstgrad" des Polizisten: Je mehr Sterne, desto mehr Erfahrung hat er und desto mehr hat er zu sagen. Die Uniformen gibt's übrigens in Grün und in Blau.

Polizeischüler, die Anwärter, tragen in den meisten Bundesländern keinen Stern. **Polizeimeister** erkennt man an zwei Sternen.

Checkerbude

Genau geschaut: Was lernt ein Polizeischüler?

Selbstverteidigung

Polizisten müssen mit allen möglichen Menschen und Situationen klarkommen. Sie müssen sich auch verteidigen können, falls sie angegriffen werden.

Polizeiauto fahren

Im Einsatz mit Blaulicht muss es schnell gehen. Darum trainieren die Schüler Tricks wie Slalom fahren oder 'ne ordentliche Vollbremsung hinlegen.

Regeln und Gesetze

Die Polizei passt auf, dass Regeln und Gesetze eingehalten werden. Darum müssen die Polizeischüler Regeln, Bestimmungen und Gesetze pauken. Eine echte Schule, die Polizeischule.

Schießen

Polizisten müssen für den Notfall schießen lernen. Und dann hoffen, dass sie es doch nie brauchen.

Polizeischülerin Manuela legt Can aufs Kreuz.

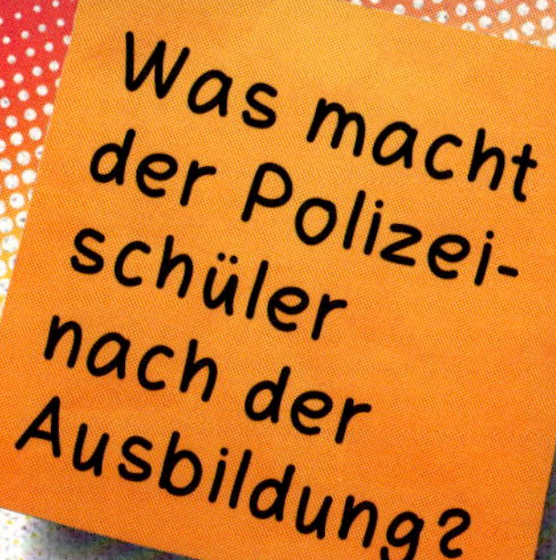

Gecheckt:

Wer bestanden hat, darf mit einem Kollegen auf Streife gehen und Strolche jagen. Er kann sich aber auch spezialisieren, zum Beispiel in der Hubschrauberstaffel, bei den Polizeitauchern, in der Reiterstaffel oder der Wasserschutzpolizei.

Manche gehen auch zur Kriminalpolizei (Kripo), um die ganz kniffligen Fälle zu lösen. Kriminalpolizisten erkennst du daran, dass du sie nicht erkennst. Sie laufen in „zivil" rum, also ganz normal wie du und ich.

Bei der Polizei werden zum Beispiel auch gute Hubschrauberpiloten gebraucht.

Besonders schwierig ist es, ins Sondereinsatzkommando (SEK) der Polizei aufgenommen zu werden. Das wird gerufen, wenn es wirklich um Leben und Tod geht.

Fingerabdrücke bringen die Polizei oft auf die Spur des Täters ...

Reporter oder doch Zivilpolizist? Schwer zu sagen ...

Warum ist das Blaulicht blau?

Gecheckt:

Wenn das Blaulicht eingeschaltet ist, bedeutet das: Notfall! Die anderen Autofahrer müssen Polizei, Notarzt oder Feuerwehr möglichst schnell durchlassen. Deshalb ist das blaue Licht für diese drei reserviert. Es ist eine Signalfarbe, die im Straßenverkehr besonders auffällt, weil sie normalerweise nicht vorkommt: Ampeln sind rot, gelb und grün, Scheinwerfer sind weiß, Rücklichter rot, Baustellen leuchten gelb oder orange. Blau ist nicht dabei.

Polizeipferde: Die Polizei setzt Pferde ein, wenn viele Menschen zusammenkommen. Pferde wirken einerseits beruhigend, andererseits haben auch Angreifer deutlich mehr Respekt vor Polizisten auf Pferden.

Polizeihunde: Hunde haben sehr feine Nasen und können besonders gut Menschen oder Dinge aufspüren. Sie gehen auf Schnüffel-Streife nach Verschütteten, Sprengstoff oder Drogen.

Polizeischwein: Es wurde sogar mal ein Wildschwein zum Erschnuppern von Sprengstoff und Rauschgift ausgebildet.

Fahren mit Blaulicht ist gefährlich. Polizisten dürfen es nur in echten Notfällen einschalten, etwa nach einem Unfall.

Der Schuh-Check

Auf die richtigen Treter kommt's an: Reitstiefel, Rollschuhe oder Badelatschen – für jeden Zweck gibt's das passende Schuhwerk. Ist auch gut so, stell dir vor, du müsstest mit Stöckelschuhen Fußball spielen oder mit Bergstiefeln Ballett tanzen! Würde nicht gehen, wehtun und ziemlich doof aussehen. Hier kommt der Schuh-Check!

Warum sind Schuhe meistens aus Leder?

Gecheckt:

Schuhe sind oft aus Leder, weil sich Leder super verarbeiten lässt und angenehm zu tragen ist. Leder ist die haltbar gemachte Haut von Tieren. Früher gab's zudem nichts anderes. Heute gibt es zwar viele andere Materialien, aber Leder ist immer noch sehr beliebt.

Profifußballer bekommen maßangefertigte Fußballschuhe, die ganz genau auf ihren Fuß passen. Nur die Profis? – Die Profis und der Checker! Hier ist der Checker-Can-Spezial-Superfußballschuh. Cool, oder?

Faktencheck

Schuh: Eine Fußbedeckung mit Sohle, manchmal mit Absatz und immer mit Stoff oder Riemen, die die Sohle am Fuß halten.

Die **größten Schuhe der Welt**, die wirklich auch Menschen mit so großen Füßen tragen, haben für Frauen die Größe 57, für Männer sogar die 69!

Als **älteste bekannte Schuhe** gelten ein Paar Indianersandalen aus Baumrinde. Sie sind etwa 5.500 Jahre alt.

Robert Wadlow war mit über 2,70 Metern der größte Mensch, der je gelebt hat. Er hatte natürlich auch die größten Füße der Welt.

Der größte Fuß hat Schuhgröße 69. Stell deinen Fuß hier rein und vergleiche dich mit dem größten Mann der Welt!

Im Museum: Nina hat mir die verrücktesten Schuhe gezeigt.

Checkerbude

Genau geschaut: So wird ein Schuh draus!

Für ein Paar Schuhe in Handarbeit braucht ein Schuhmacher mindestens zwei Tage! In der Schuhfabrik helfen heute natürlich Maschinen mit. Das geht viel schneller.

Grundlage: ein Holzschuh in der richtigen Größe, der sogenannte Leisten

Schablonen: Damit werden verschiedene Schuhteile aus Leder ausgeschnitten.

Anlegen: Wie beim Puzzle werden die Lederteile um den Leisten gelegt.

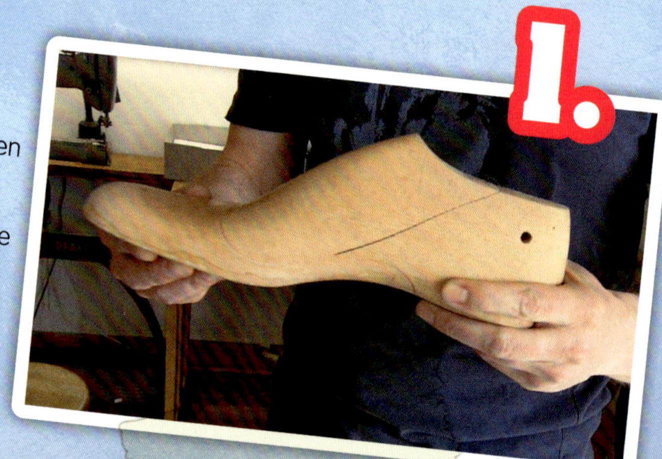

Warum stinken Schuhe?

Bakterienkacke!

Ganz schön frech: Die Bakterien kacken einfach meine Sneakers voll!

Gecheckt:

Gib's zu: Deine Schuhe müffeln auch. Macht nix, lässt sich kaum verhindern. Im Schuh schwitzt der Fuß. Es wird warm und feucht. Weil der Fuß drinsteckt, kann der Schuh nicht trocknen.

Feucht und warm – das lieben Bakterien, diese winzigen Lebewesen, die überall sind. Im Schuh ernähren sie sich vom Schweiß. Das ist nicht schlimm und stinkt auch nicht. Das Problem ist das, was bei den Bakterien hinten rauskommt, die Bakterienkacke also. Die stinkt. Und darum stinkt der Schuh.

2.

Kleben und nähen: Die Kanten werden geklebt, bei guten Schuhen zusätzlich vernäht. Genähte Schuhe sind superrobust.

Lochen: Mit einem großen Locher kommen die Löcher für die Schnürsenkel rein.

Innensohle: anzeichnen, ausschneiden, anpassen, festdrücken, mit Nägeln sichern, ankleben, trocknen lassen.

3.

Absatz: Zum Schluss kommen Außensohle und Absatz dran.

Finale: Leisten raus, Schnürsenkel rein – jetzt ist er wirklich fertig!

Der Müll-Check

Leute, Müll ist nicht gleich Müll. Müll ist meistens sogar ziemlich wertvoll, wenn man genau hinschaut und versucht, möglichst viel von dem alten Zeug noch einmal zu benutzen. Nur der Haufen, der am Ende übrig bleibt, ist ein Problem und muss so klein wie möglich sein. Wie? Finden wir raus, beim Müll-Check!

Warum stinkt's in der Mülltonne?

Gecheckt:

Gegenfrage: Stinkt's in der Papiertonne auch? Normalerweise nicht. Es kommt drauf an, was in der Tonne ist. Besonders natürliche Abfälle, zum Beispiel Fischgräten oder Bananenschalen, verfaulen. Das heißt, sie werden von Bakterien in ihre Einzelteile zerlegt. Dabei entstehen Gase und Feuchtigkeit. Weil auf der Tonne meistens der Deckel drauf ist, können die nicht weg. Wir finden, die Faulgase stinken, Ratten finden Stinkemüll dagegen lecker …

Andere Wörter für Müll: Abfall, Dreck, Unrat, Mist, Schmutz, Kehricht, …

Faktencheck

Müll: Dinge, die jemand nicht mehr braucht und loswerden will, nennt man Müll. Sie müssen aber noch lange nicht kaputt sein und können für jemand anderen überhaupt kein Müll, sondern im Gegenteil sehr nützlich sein.

Jeder Mensch in Deutschland produziert im Jahr etwa 500 Kilogramm Abfall. So viel wie ein halbes Auto wiegt!

Restmüll: Der Abfall, aus dem nichts Neues mehr hergestellt, der also nicht wiederverwendet oder „recycelt" (gesprochen: rie-seikelt) werden kann und deshalb verbrannt werden muss.

HIER STINKT'S!

So schwer wie 10 kleine Autos

Wie viel Müll passt in ein Müllauto?

Gecheckt:

50 Kilogramm passen in eine kleine, fünfmal so viel in eine große Mülltonne. Ungefähr 800 große und kleine Tonnen laden die Leute von der Müllabfuhr auf einer Tour ins Müllauto ...

Im Inneren des Müllwagens wird der Müll zusammengepresst, damit mehr reinpasst. Wie wenn du mit den Füßen in die Tonne steigen und auf dem Müll herumtrampeln würdest, damit mehr reinpasst. So gepresst passt etwa das Gewicht von zehn kleinen Autos in ein Müllauto!

Checkerbude

Genau geschaut: So wird Müll zu Strom!

1. **Das Müllauto schüttet** den gesammelten Restmüll in einen großen Schacht der Müllverbrennungsanlage. Ein Greifarm, so 'ne Art Krake, befördert ihn in einen riesigen Ofen.
2. **Der Müll verbrennt** bei mehr als 850 Grad Celsius. Das Feuer erhitzt Wasser, heißes Wasser wird zu Dampf.
3. **Der Dampf treibt** die riesigen Schaufelräder einer Turbine an. So ähnlich wie ein Fluss ein Mühlrad antreibt.
4. **Die Drehung der Turbine** bewegt einen Generator, das ist so etwas wie ein überdimensionaler Fahrraddynamo. Durch Bewegung und durch Magnetfelder in seinem Inneren entsteht Strom.
5. **Schwarze „Schlacke"** bleibt bei der Müllverbrennung übrig.

Im Hintergrund siehst du, wie der Greifarm den Müll in den Ofen lädt.

Schaufelräder einer Turbine

Gecheckt:

Was wir kaufen, verwenden und irgendwann wegwerfen, ist aus kleinen Einzelteilen aufgebaut, den „Rohstoffen". Zerlegt man den Müll in Rohstoffe, lassen sich daraus wieder neue Dinge herstellen. Weil aus einer alten Glasflasche aber kein neuer Joghurtbecher gemacht werden kann, wird der Müll sortiert und getrennt. Müll aus ähnlichen Rohstoffen kommt in die gleiche Tonne. Je mehr wir wiederverwenden können, desto weniger muss verbrannt werden.

Warum wird Müll getrennt?

SO MACHT'S DER CHECKER!

Wahnsinn, wie viel Dreck wir alle machen! Also ich versuche jetzt noch mehr, Müll von vornherein zu vermeiden. Zum Beispiel so:

- Einkaufen mit Stofftasche: Die kann ich hundertmal wieder benutzen und muss mir keine Plastiktüte kaufen, die ich hinterher eh wegwerfe.
- Aufladbare Akkus: Batterien sind extrem giftiger Sondermüll. Akkus kann man einfach wieder aufladen, wenn sie leer sind. Müll: vermieden!
- Brotdose statt Plastiktüte: Unterwegs hab ich immer meine coole Brotdose dabei. Die schaut super aus und ich brauche keine doofen Plastiktüten für mein Pausenbrot.

Der Ziegen-Check

Ziegen stinken nicht!

Psst, unter uns: Ziegen sind so richtig witzige Viecher. Und was ich sofort festgestellt habe: Ziegen stinken nicht – zumindest die Damen – und sie sind auch überhaupt nicht so dumm, wie viele glauben.

Ziegenbauer Günther

geben 2-4 Liter Ziegenmilch am Tag

können 1,5 Meter weit springen

Wiederkäuer: Ziegen schlingen das Fressen runter und würgen es 6-8 Stunden lang immer wieder hoch. So kauen sie es sehr oft und holen mehr Energie aus dem Gras.

sind gute Kletterer, weil sie eigentlich im Hochgebirge leben

Faktencheck

Feines Fressen: Ziegen ernähren sich von Gras, Heu oder auch Karotten. Am liebsten mögen sie frische Kräuter und saftige Blätter.

„Kuh des armen Mannes": Ziegen waren früher Milch- und Fleischlieferanten für arme Familien, die sich keine Kühe leisten konnten.

Bunte Truppe: braune, schwarze, weiße, gefleckte ... Es gibt ungefähr 300 verschiedene Ziegenrassen. Allen gemeinsam: Sie leben in einer Herde.

Warum kacken Ziegen schwarze Murmeln?

Gecheckt:

Ziegen kacken keine Würste, sondern kleine Murmeln. Eigentlich kommen Ziegen aus sehr trockenen Gegenden, deshalb quetscht und presst der Darm wirklich jeden Tropfen wertvoller Flüssigkeit aus der Kacke und behält sie im Körper.

Dafür hat der Ziegendarm, der an einem Stück 30 Meter lang werden kann, viele kleine runde Ausbuchtungen. Die geben der Kacke die Murmelform.

Ziegendamen haben oft Hörner und manchmal auch einen Bart

Das funktioniert wie eine Saftpresse: Die Kacke wird im Darm zu kleinen Murmeln gepresst

Gecheckt:

Weibliche Ziegen riechen nicht, dafür stinkt der Ziegenbock so richtig! Er markiert dadurch sein Revier und seine Mädels wissen genau, wo sie hingehören. Dafür hat er am Kopf extra Drüsen. Wenn er den Ziegendamen besonders gefallen will, bespritzt sich der Bock sogar manchmal mit seinem eigenen Urin …

Checkerbude

Genau geschaut: So sieht's die Ziege!

Ziegen sind Fluchttiere und haben daher große Augen. So fällt nachts viel Licht ins Auge und sie sehen Feinde besser. Tagsüber wird's aber schnell zu hell, darum verengen sich dann die Pupillen zu kleinen, waagerechten Schlitzen.

Der **waagerechte Augenschlitz** der Ziege vergrößert ihr Sichtfeld. So kann sie mehr von ihrer Umgebung „im Auge behalten".
Die Katze als Jäger hat **senkrechte Schlitze**, weil sie so die Entfernung zur Beute besser einschätzen kann.

Worüber meckern die Ziegen?
Gecheckt:
Ziegen sind meistens ganz zufrieden, auch wenn sie ständig was zu meckern haben. Durch das Meckern unterhalten sie sich aber nur, warnen sich gegenseitig vor Gefahren oder lotsen sich zu frischen Kräutervorräten. So wie Hunde bellen und Schafe blöken.
18 Kilogramm Futter
10 Liter Milch
1 Kilogramm Käse
Für ein Kilogramm leckeren Ziegenkäse braucht man 10 Liter Ziegenmilch. So viel gibt eine Ziege in drei Tagen. In diesen drei Tagen muss die Ziege ungefähr 18 Kilogramm Futter fressen, damit sie die Energie für so viel Milch bekommt.
270° Rundumsicht

Der Wolkenkratzer-Check

Ich war zum Drehen auf ganz schön hohen Häusern, ziemlich weit über der Erde. Schon ein bisschen unheimlich. Aber seitdem ich weiß, wie sicher das alles gebaut wird, hab ich keine Angst mehr, dass da was zusammenkracht. Ich zeig euch, was ich gecheckt hab – im Wolkenkratzer-Check!

Faktencheck

Hochhäuser: Häuser mit vielen Stockwerken übereinander. Gibt's fast nur in großen Städten.

Wolkenkratzer: Häuser, die höher sind als anderthalb Fußballfelder lang (150 Meter).

Die größten Städte der Welt: Tokio und Seoul (Asien), Mexiko Stadt (Mexiko), Mumbai, Delhi (Indien) und New York City (USA)

Gecheckt:

Mit 259 Metern ist der Commerzbank Tower (Tower bedeutet Turm) in Frankfurt der höchste Wolkenkratzer Deutschlands. Das ist aber fast putzig im Vergleich zu den Häusern, die in anderen Teilen der Erde die Wolken kitzeln. Das höchste von allen: Burj Khalifa (gesprochen „Burdsch Chalifa") in Dubai mit 828 Metern und mehr als 180 Stockwerken!
Aber: An allen Ecken der Welt bauen Menschen an noch höheren Türmen. Bald könnte es Häuser geben, die 1.000 Meter hoch sind!

Checkerbude

Genau geschaut: Warum kippt ein Wolkenkratzer nicht um?

Wolkenkratzer kriegen den Sturm meistens voll ab, weil sie ziemlich allein dastehen und alle anderen Häuser und Bäume viel kleiner sind. Das Hochhaus muss also jede Menge aushalten.

Dafür hat jedes Hochhaus ein Gerüst oder Skelett. Das besteht aus den Stützen an mindestens vier Seiten, Querträgern und Stockwerk-Böden. Sieht ein bisschen aus wie ein Kellerregal. Und die sind ja auch stabil.

Das Skelett besteht meistens aus Stahlbeton, also aus Beton, in den ein Stahlgitter eingelassen ist, damit's noch stabiler wird. Das Skelett trägt das Gewicht, Außenwände und Fenster werden nur eingehängt.

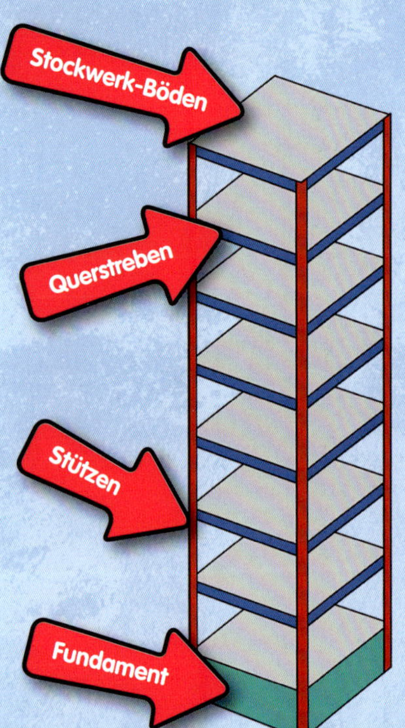

Ein Hochhaus muss schwanken, damit es nicht auseinanderbricht.

Fundament: bis zu drei Meter dicke Bodenplatte aus Stahlbeton

Stützen: bis zu 30 Meter tief in die Erde gegrabene Stützen, die das Gewicht halten

Querstreben: geben dem Skelett Halt und halten die Stockwerk-Böden

Stockwerk-Böden: Hier laufen später die Leute rum, aber die Böden tragen außerdem das ganze Haus mit.

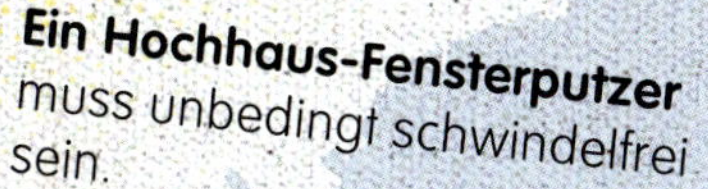

Ein Hochhaus-Fensterputzer muss unbedingt schwindelfrei sein.

Gondel

Wie putzt man die Fenster im 50. Stock?

Gecheckt:

Die Fensterputzer stehen bei ihrer Arbeit in einer Gondel, die so ähnlich aussieht wie eine Schiffsschaukel und fast genauso schwankt. Sie lassen sich an dünnen Seilen außen am Wolkenkratzer wie in einem Aufzug herunterfahren und putzen die Fenster. Alles muss gesichert sein, damit kein Putzzeug unten auf die Straße knallt und Leute verletzt. Für ein Haus mit 50 Stockwerken brauchen die Fensterputzer drei Wochen!

Check's selbst!

Der Commerzbank Tower, das höchste Haus Deutschlands, hat 30.000 Fenster zu putzen. Zähl nach: Wie viele sind's bei dir zu Hause?

Kann ein Aufzug abstürzen?

Gecheckt:

Cooles Ding, so ein Aufzug. Und klarer Fall: Ein Aufzug kann nicht abstürzen!
Der Fahrkorb hängt an zehn dicken Stahlseilen, von denen jedes einzelne das Gewicht des Korbes halten könnte. Und falls wirklich alle reißen sollten – gibt's noch eine Notbremse!
Außen am Aufzug läuft ein Extraseil mit. Wenn die dicken Seile reißen, löst das Extraseil die Notbremse aus und die verhindert, dass der Aufzug in die Tiefe rauschen kann. Aufzugfahren ist supersicher!

So sieht ein **Fahrstuhlschacht** von innen aus.

Wolkenkratzer stehen vor allem in großen Städten, in denen es wenig Platz gibt und Grundstücke sehr teuer sind. Deshalb stapeln die Architekten so viele Stockwerke wie möglich übereinander in die Luft, wie hier in Hongkong, Asien.

FÜR OBERCHECKER!

Tierisch gute Architekten: Termiten sind so groß wie Ameisen und sehen so ähnlich aus. Die Insekten schaffen es aber, ihre „Häuser" (Termitenhügel) bis zu sechs Meter hoch zu bauen. Im Verhältnis zur Körpergröße sind diese für Termiten so hoch wie ein 800-Meter-Wolkenkratzer für uns Menschen.

Termite

Der Was-man-mit-der-Stimme-machen-kann-Check

Stimmt's? Über deine Stimme hast du dir bestimmt noch nie so richtig Gedanken gemacht. Gehört einfach dazu, jeder hat eine und jede ist anders. Die Stimme ist eins unserer wichtigsten und besten Werkzeuge. Neugeborene Babys zum Beispiel können am Anfang nur Schreien – und teilen so mit ihrer Stimme ihren Eltern mit, dass etwas nicht passt.

Bauchredner Patrick

Eutrax, der Grünschnabel

Bauchredner Patrick steht im Guinnessbuch der Rekorde, weil er seine Puppen mit 16 verschiedenen Stimmen sprechen lassen kann. Die Stimme kommt aber nicht wirklich aus dem Bauch. Es sieht nur so aus, weil Bauchredner die Lippen nicht bewegen.

Mit einem Megafon kannst du deine Stimme verstärken, wenn's mal richtig laut zugehen soll. Zum Beispiel im Fußballstadion.

Faktencheck

Menschenstimme: Wir brauchen sie zum Sprechen, Singen, Flüstern, Schreien – sie ist das wichtigste Instrument, um uns zu verständigen und unsere Gefühle auszudrücken.

Tierstimme: Auch Tiere unterhalten sich über ihre Stimme. Sie bellen, quaken, miauen oder wiehern zum Beispiel. Viele Arten beherrschen viele verschiedene Töne, zum Beispiel um die anderen zu warnen oder auf fette Beute hinzuweisen.

Woher kommt die Stimme?

Gecheckt:

Unsere Stimme entsteht im Hals, genauer gesagt: im Kehlkopf. Luft kommt aus der Lunge durch die Luftröhre nach oben zum Kehlkopf.

Ganz oben sitzen zwei Muskeln, die sogenannten Stimmbänder. Die Luft bringt sie in Schwingung, durch die Schwingung entstehen Töne und damit die Stimme. Je entspannter die Stimmbänder, desto langsamer schwingen sie und desto tiefer wird der Ton.

Die Stimmbänder befinden sich im Kehlkopf und wenn du von oben in deinen Hals gucken könntest, würdest du sie sehen. Männer haben längere Stimmbänder und größere Kehlköpfe und deshalb meist eine tiefere Stimme.

Was macht ein Synchronsprecher?

Gecheckt:

Er spricht! Meistens einen anderen Text auf einen Film. Das ist zum Beispiel notwendig bei Filmen in anderen Sprachen, die in Deutschland laufen sollen. Damit alle Zuschauer sie verstehen, spricht der Synchronsprecher einen deutschen Text über den Originaltext, möglichst immer so lange, wie sich die Lippen im Film bewegen. Später sieht es im Film so aus, als hätten alle perfekt Deutsch gesprochen. Dafür sorgt der Synchronsprecher.

Checkerbude

Genau geschaut: Wie laut ist laut?

Lautstärke wird in der Einheit „Dezibel" (dB) gemessen. Der Rasenmäher vom Nachbarn ist sicher laut, aber fast schon ein Flüstermeister im Vergleich zu manchen Schreihälsen aus der Tierwelt. Schau mal:

105 dB

- 20 dB: Flüstern
- 80 dB: Staubsauger
- 90 dB: quakender Frosch
- 95 dB: Lastwagen
- 105 dB: Brüllaffe
- 110 dB: brüllender Löwe
- 117 dB: trötender Elefant
- 129 dB: lautester Schrei eines Menschen
- 250 dB: Pistolenkrebs

Der Pistolenkrebs hat eine Knallschere am Vorderbein. Lässt er die zuschnappen, entsteht eine Luftblase. Und wenn die platzt, wird's so laut, dass Beutetiere taub werden oder sogar an dem Krach sterben.

Pistolenkrebs

250 dB

Hans-Georg Panczak ist ein bekannter Schauspieler und Synchronsprecher.

Infraschall

Infraschall sind besonders tiefe Töne, die Elefanten auch über die Füße „hören" können. Insgesamt verstehen sie rund 70 Laute.

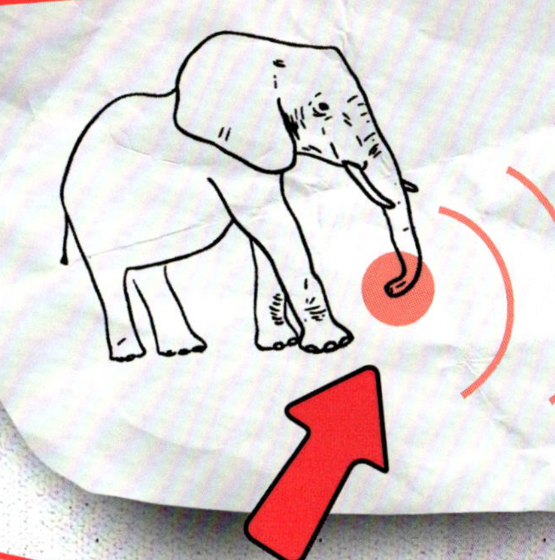

Haben Tiere eine Geheimsprache?

Gecheckt:

Klar! Na ja, zumindest verstehen wir ihre Sprache oft nicht. Es gibt auch Arten mit besonderen Tricks: Mäuse zum Beispiel verständigen sich per „Ultraschall". Die Töne sind so hoch, dass wir Menschen sie nicht hören können.

Tiger und Elefanten zum Beispiel verständigen sich über große Entfernungen auch per „Infraschall", sehr tiefe Töne, die wir auch nicht hören können. Die werden auch über den Boden übertragen, der Elefant „versteht" die geheimen Nachrichten mithilfe von Füßen und Rüssel.

Der Eis-Sicherheits-Check

Im Winter sind früh morgens schon jede Menge Leute unterwegs, damit wir anderen später sicher zur Schule oder zur Arbeit kommen und nicht auf den Hintern fallen. Wenn wir aus dem Haus gehen, haben Schneeräumer und Salzstreuer dafür schon fast wieder Feierabend. Hier kommt der Eis-Sicherheits-Check!

Was bringt das Eis zum Schmelzen?

Gecheckt:

Sonne natürlich. Oder: Salz! Auch im gefrorenen Wasser, also in Eis, ist immer ein bisschen flüssiges Wasser. Wird Salz auf die vereiste Straße gestreut, mischt sich das Salz mit dem flüssigen Wasser zu Salzwasser. Das gefriert nicht wie normales Wasser bei 0 Grad Celsius, sondern erst bei viel kälteren Temperaturen.

In riesigen Salzlagern warten die Salzberge auf ihren Einsatz bei Schnee und Eis.

Der Winterdienst verteilt das Streusalz auf den Straßen.

Faktencheck

Eis ist gefrorenes Wasser. Ob als zu Hagel gefrorene Eiskugeln, als Eisdecke auf einem See oder als Eisberg – Eis entsteht immer, wenn's länger kalt ist.

Wasser besteht aus winzigen Teilchen: Wasserstoff und Sauerstoff. Immer zwei Wasserstoffteilchen (H_2) und ein Sauerstoffteilchen (O) sind verbunden. Darum heißt Wasser chemisch auch H_2O.

Je nach Temperatur ändert Wasser seinen Zustand: Unter 0 Grad Celsius friert es zu Eis (wie im Gefrierschrank). Über 100 Grad Celsius siedet es und wird zu Wasserdampf (wie im heißen Kochtopf). Dazwischen bleibt's flüssig, wie im See.

Warum ist Eis rutschig?

Gecheckt:

Eigentlich ist nicht das Eis rutschig, sondern die hauchdünne Wasserschicht AUF dem Eis. Immer wenn du über eine Eisfläche läufst, entsteht ein bisschen Wärme – sogar wenn's schweinekalt ist! So wie wenn du dir die Hände reibst. Diese Wärme unter den Schuhen genügt, um die oberste Schicht vom Eis ein bisschen anzutauen. So wird's glatt!

Wen rettet die Wasser-rettung?

Gecheckt:

Die Wasserretter retten natürlich nicht das Wasser! Sie helfen Menschen, die im Wasser in Not geraten sind. Zum Beispiel Leute, die unvorsichtig waren und im Winter, wenn auf den Seen Eis ist, eingebrochen sind. Die Wasserretter haben dicke Taucheranzüge und sind über ein Seil mit den Kollegen am Ufer verbunden. In das Seil ist auch ein Telefonkabel eingebaut, über das der Taucher mit den Kollegen sprechen kann. Eistauchen ist extrem gefährlich!

Vorsichtig nähern sich die Eisretter der Einbruchstelle.

FÜR OBERCHECKER!

Zaubertrank: Ohne Wasser können wir nicht leben. Unser Körper besteht zu mehr als der Hälfte aus Wasser: in den Zellen, den Muskeln, dem Blut, dem Gehirn – überall. Durch Ausatmen, Schwitzen und Aufs-Klo-Gehen verlieren wir Wasser. Darum müssen wir viel trinken, mindestens zwei Liter am Tag!

SO MACHT'S DER CHECKER!

Sicher über den See! Die Münchner Wasserretter haben mir erklärt, wie's geht:

- Schlittern und Schlittschuh fahren auf dem zugefrorenen See macht Spaß. Bei dünnem Eis ist das aber lebensgefährlich!
- Seen und Flüsse, die man betreten darf, werden von der Stadt freigegeben. Das Eis muss dafür mindestens 15, besser 20 Zentimeter dick sein!
- Falls es knackt, knistert oder das Eis Risse hat: Sofort runter!
- Nie alleine aufs Eis, damit im Notfall jemand Hilfe holen kann.
- Das Eis um eine Einbruchstelle ist sehr dünn. Daher nicht hingehen, sondern Hilfe holen! Die Nummer der Feuerwehr lautet 112.

Was machen Pinguine, um auf dem Eis bequemer vorwärtszukommen?

A Wenn sie kalte Füße bekommen, breiten sie ihre Flügel aus und fliegen einfach ein Stück.

B Sie rutschen auf dem Bauch.

C Dumme Frage: Sie watscheln weiter wie gewohnt, die leben ja immer in Schnee und Eis.

Auflösung auf Seite 110

Im Süden der Erdkugel (also unten beim Globus) liegt die Antarktis. Hier leben Pinguine.

Der Gase-Check

Jetzt müssen wir aber Gas geben, Leute! Es geht um Gase. Die brauchen wir unbedingt zum Leben und sie sind auch immer um uns herum und in uns drin. Manchmal stinken Gase aber auch ganz fürchterlich, sind giftig, gefährlich oder können sogar explodieren.

Fliegt ein Heißluftballon echt nur mit heißer Luft?

Gecheckt:

Ja! Heiße Luft steigt nach oben. Deshalb ist es ÜBER einem Kachelofen wärmer als am Boden. Beim Ballonfahren wird der Ballon mit Luft gefüllt. Die wird dann mit einem Brenner so lange erhitzt, bis genügend heiße Luft oben an die Ballondecke drückt – und der ganze Heißluftballon samt Mitfahrern abhebt. Heiße Luft hat mehr Energie, die Teilchen brauchen mehr Platz und wollen nach oben. Für die Landung lässt der Ballon-Pilot die Luft langsam abkühlen.

heiße Luft

Faktencheck

Gasförmig: Stoffe können in drei „Formen" vorkommen: flüssig, fest oder als Gas. Der Zustand ändert sich durch Energie, zum Beispiel durch Wärme. Bekanntes Beispiel: Eis (fest) wird erst zu Wasser (flüssig), dann zu Dampf (gasförmig).

Gase bestehen aus winzigen Teilchen, den Atomen oder Molekülen. Gase sind meistens unsichtbar, oft auch geruchlos und manchmal giftig oder brennbar.

Auch die Luft ist ein Gas, sie besteht hauptsächlich aus Stickstoff- und Sauerstoff-Molekülen. Den Sauerstoff aus der Luft brauchen Menschen und Tiere zum Atmen.

Auch die Wachskerze kommt je nach Temperatur in drei Formen vor: als festes Wachs, als flüssiges Wachs oder als superheißes, gasförmiges Wachs, das sich im Raum verteilt. Das kannst du nicht sehen, aber bei Bienenwachskerzen riechen.

Warum müssen wir pupsen?

Gecheckt:

Wenn wir etwas essen, schlucken wir immer auch ein bisschen Luft runter. Die landet im Magen und wandert weiter in den Darm, wo das Essen verdaut wird. Dabei entstehen zusätzlich noch andere (Stinker-)Gase. Gleichzeitig kommt von oben immer neue Luft nach. Damit wir nicht irgendwann platzen wie ein zu voller Luftballon, müssen die Gase raus: Pups! Kann peinlich werden, ist aber ganz natürlich!

FÜR OBERCHECKER!

Auch Limo oder Mineralwasser enthalten Gase. Die Blubberblasen sind nichts anderes als Kohlendioxid, das ins Getränk gemischt wurde. Mal mehr, mal weniger. Wenn sich zu viele Blubberblasen und zu viel Luft im Bauch gesammelt haben, suchen sich die Gase einen Ausweg. Raus kommt: ein unfeiner Rülpser!

Check's selbst!

Erhitze einen Eiswürfel in einer Pfanne. Erst wird das Eis zu Wasser, dann bilden sich Bläschen und schließlich steigt Wasserdampf auf. Am Anfang sitzen die Wassermoleküle eng und fest zusammen im Eiswürfel. Je heißer es wird, desto mehr Energie bekommen die Moleküle, bewegen sich und brauchen mehr Platz. Sie wollen raus aus der Pfanne und steigen irgendwann als Dampf in die Luft. Klappt auch andersrum: Dampf kühlt ab, wird zu Wasser und später zu Eis.

Checkerbude

Genau geschaut: Der natürliche Gaskreislauf

1. Menschen und Tiere brauchen Sauerstoff zum Atmen und Leben.
2. Verbrauchte Luft atmen wir wieder aus, vor allem das Gas Kohlenstoffdioxid.
3. Pflanzen nehmen bei der „Fotosynthese" (siehe S. 34) Kohlenstoffdioxid über die Blätter auf und machen daraus Traubenzucker für sich selbst und Sauerstoff für Menschen und Tiere. Die atmen wieder Kohlenstoffdioxid aus und alles geht von vorne los …

Im perfekten Gas-Kreislauf bekommen Menschen, Tiere und Pflanzen genau die Gase, die sie zum Leben brauchen.

Der Theater-Check

Was ist Mimik, was ist Gestik?

Schauspieler wie Finn haben einen schwierigen, aber ziemlich coolen Job: Gerade noch spielen sie die böse Hexe und in der nächsten Szene den lieben Großvater. Die schaffen es, von einem Moment auf den anderen jemand anderes zu sein. Und im Theater sind die Zuschauer hautnah dabei. Spannend!

Gecheckt:

Mimik ist alles, was der Schauspieler mit dem Gesicht machen kann: Augenbrauen hochziehen, eine Grimasse schneiden oder Stirnrunzeln zum Beispiel. Gestik sind alle Bewegungen des Körpers, die helfen, Gefühle auszudrücken: Winken, auf die Knie fallen oder die Faust ballen zum Beispiel.

Hier kannst du mal üben wie ein richtiger Schauspieler. Stell dich vor einen Spiegel und versuche die Mimik und Gestik nachzumachen.

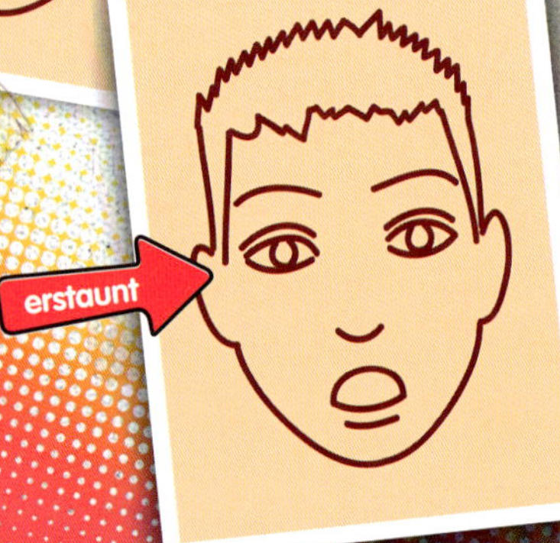

Faktencheck

Theater ist immer dann, wenn mindestens einer etwas aufführt (Schauspieler) und mindestens einer zuschaut (Publikum). Mit „Theater" kann die **Aufführung** gemeint sein oder das **Haus**, in dem sie stattfindet.

Beim **Schauspiel** wird – darum heißt es so – geschauspielert, also gespielt und gesprochen. Das Stück kann eine **Komödie** oder eine Tragödie sein. Einfach gesagt: Eine **Tragödie** ist eher tragisch (also traurig) und eine Komödie eher komisch (also lustig).

Bei einer **Oper** wird geschauspielert und gesungen. Bei einem **Musical** wird geschauspielert, gesungen und getanzt.

Eine perfekte Maske ist im Theater genauso wichtig wie Mimik und Gestik.

Checkerbude

Genau geschaut: Wer spielt mit im Theater?

Schauspieler: Die Hauptpersonen. Meistens gibt es mindestens einen Mann (Held), eine Frau (Angebetete des Helden) und einen Bösewicht.

Regisseur: So etwas wie der Fußballtrainer im Theater. Sagt, wer wann wohin laufen und wie was zu wem sagen soll. Chef der Aufführung.

Souffleur oder Souffleuse: Sitzt unsichtbar fürs Publikum und flüstert den Schauspielern den Text zu („soufflierť"), wenn sie ihn vergessen haben.

Bühnenbildner: Hat sich die Dekoration der Bühne ausgedacht und zusammen mit Schreinern, Malern und anderen extra für dieses Theaterstück gebaut.

Team: Licht- und Tontechniker, Maskenbildner und viele mehr helfen mit.

Publikum: Ganz wichtig sind die Zuschauer (das Publikum). War die Aufführung besonders gut, applaudieren sie und rufen laut Zugabe oder Bravo!

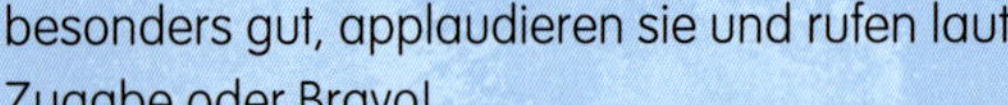

Die Souffleuse soufflierť aus einer kleinen Luke raus und ist fürs Publikum unsichtbar.

FÜR OBERCHECKER!

Über Jahrhunderte durften nur Männer Theater spielen. Wurde eine Frau gebraucht, zum Beispiel die Julia für den Romeo, musste ein Kerl Frauenkleider anziehen.

Jede Menge Technik: Auf vielen Theaterbühnen läuft nichts mehr ohne Computer: das Licht, der Ton, das Bühnenbild und die Spezial-Überraschungen fürs Publikum …

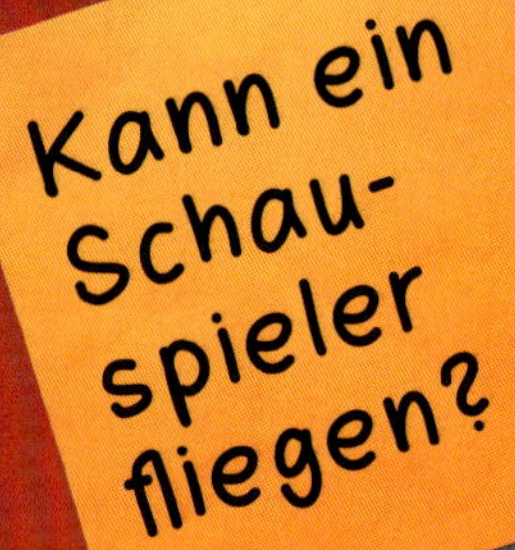

Kann ein Schauspieler fliegen?

Gecheckt:

Na ja. Schauspieler sind auch nur Menschen. Und die können natürlich nicht fliegen. Aber: Im Theater ist fast alles möglich. Deshalb können Theaterschauspieler doch fliegen: Sie werden an dünnen, für das Publikum unsichtbaren Seilen aus dem „Schnürboden" in die Höhe gezogen. Meistens wird das vom Computer genau gesteuert, damit nichts passieren kann. Ich hab's ausprobiert: Ein Wahnsinnsgefühl!

Ganz genau hingeschaut: Sogar ich kann „fliegen"!

Alles geregelt: Dank der Technik schweben die Schauspieler bis auf ein paar Zentimeter genau über dem Boden.

FÜR OBERCHECKER!

Auf Jahrmärkten gab es früher auch sogenannte Automatentheater. Das funktionierte, indem man eine Münze in einen Automaten warf. Hinter einer Glasscheibe führten dann mechanische Figuren ein Theaterstück auf.

Das Amphitheater

Die Amphitheater der Antike waren kreisförmig gebaut.

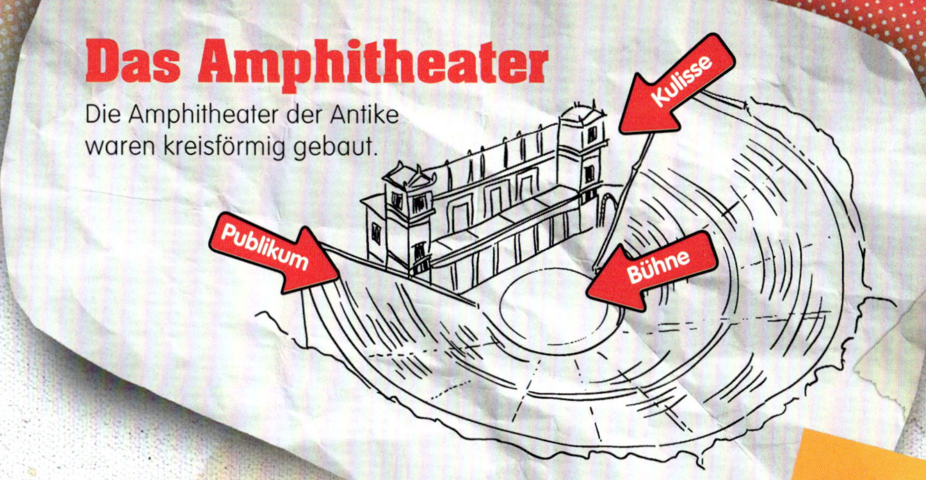

Gecheckt:

Eigentlich schon immer. Forscher glauben, dass sogar die Höhlenmenschen ihre Erlebnisse auf der Jagd hinterher den Daheimgebliebenen vorgeschauspielert haben. Sicher wissen wir, dass seit ungefähr 2.500 Jahren Theater gespielt wird. Die Menschen sollten dadurch unterhalten und zum Nachdenken angeregt werden.

Seit wann spielen Menschen Theater?

Eine der heute noch wichtigsten Personen für das Theater ist der Engländer William Shakespeare. Er hat einige der berühmtesten Theaterstücke überhaupt geschrieben, darunter vor gut 400 Jahren die tragische Liebesgeschichte von Romeo und Julia.

William Shakespeare

Der Hallig-Check

Die „Halligen" sind kleine Inseln ganz im Norden von Deutschland, die ab und zu fast komplett überflutet werden. Hier habe ich ganz besondere Menschen getroffen. Welche, die mit dem Meer und manchmal sogar tagelang im Meer leben. Warum das so ist, erklärt der Hallig-Check!

Sylt
Nord-friesland
Föhr
Amrum
Halligen
Pellworm

Ungefähr 300 Menschen leben auf den Halligen.

Was ist eine Warft?

Gecheckt:

Eine Warft ist ein künstlich aufgeworfener Erdhügel auf einer Hallig. Obendrauf stehen die Wohnhäuser. Dieser „Maulwurfshügel" mit Haus ist manchmal das Einzige, was bei „Land unter" noch aus dem Wasser guckt. Eine sichere Insel auf der Insel. Bis das Wasser wieder abläuft, sind die Bewohner vom Rest der Welt abgeschnitten.

Faktencheck

Hallig bedeutet niedrig, flach. Eine Hallig ist eine Art Insel, die oft vom Meer überflutet wird, weil sie nur knapp über dem Meeresspiegel liegt.

Zehn Halligen gibt's in der Nordsee, fünf davon sind dauerhaft bewohnt. Fast alle gehören zum Naturschutzgebiet Wattenmeer.

Durch häufige Überschwemmungen änderte sich bis zur Befestigung der Halligkanten, also Ränder, im 19. Jahrhundert die Form der Halligen ständig.

Fiede ist Bürgermeister und Postbote auf den Halligen. Mit seiner „Lore", einer selbst gebauten kleinen Bahn, hat er die Post und mich auf dem Festland eingesammelt.

Wat is'n dat Watt?

Gecheckt:

Das Watt(enmeer) ist der Teil der Nordsee, der durch Ebbe und Flut zweimal am Tag trockenliegt. Dann kann man auf dem Meeresgrund spazieren gehen, bevor das Wasser zurückkommt. Das Watt ist ein riesiges Naturschutzgebiet, in dem unglaublich viele Vögel, Robben, Seehunde, Schweinswale, Fische, Krebse, Muscheln und Schnecken leben.

Checkerbude

Genau geschaut: Was ist Ebbe, was ist Flut?

1. Der Mond zieht das Meerwasser zu sich hin.
2. Es entsteht eine Wasserbeule, der „Flutberg". Den zieht der Mond mit sich, wenn er weiter um die Erde wandert.
3. Die Erde dreht sich davon unabhängig in 24 Stunden einmal um sich selbst.
4. Auf der anderen Seite der Erde entsteht durch die „Fliehkraft" ein zweiter Flutberg: Durch die Drehung der Erde drückt die Fliehkraft das Wasser nach außen – wie wenn du im Karussel am Rand sitzt.
5. Wo gerade ein Flutberg ist, ist Flut auf der Erde. Wo das Wasser fehlt, herrscht Ebbe.

„Schietwetter!" Sturm und Regen gibt's oft auf der Hallig. Ein Schirm bringt da nix. Regenmantel und Gummistiefel sind schlauer.

Der Wattwurm frisst lange Tunnel ins Watt, ernährt sich von Algen und Bakterien im Sand und hinterlässt lange Schnüre aus feinem, gereinigtem Sand.

Bei Ebbe liegen die Schiffe auf Grund, bei Flut schwimmen sie auf dem Wasser. Beides passiert zweimal am Tag.

Der Biathlon-Check

Vom Sport Biathlon hab ich früher nicht viel gewusst. Dann durfte ich für meine Sendung mit Kati trainieren. Kati ist eine der erfolgreichsten deutschen Biathletinnen. Sie hat mir gezeigt, wie's geht, das Skifahren und das Schießen. Ganz schön anstrengend, aber: macht Laune!

Eine der Besten: Kati Wilhelm war unter anderem fünfmal Weltmeisterin und hat dreimal Gold, dreimal Silber und einmal Bronze bei Olympischen Spielen geholt!

Wer in seinem Sport mal so erfolgreich werden will wie Kati, braucht jede Menge Talent, Ehrgeiz, Glück und muss schon als Kind richtig viel trainieren. Häng dich rein!

Faktencheck

Biathlon ist ein sportlicher Wettkampf im Skilanglauf, kombiniert mit dem Schießen auf Zielscheiben. Wer nicht trifft, muss Strafrunden laufen oder kriegt Strafzeiten aufgebrummt.

Der Begriff „Ski" kommt wahrscheinlich aus dem Norwegischen und bedeutet so was wie „gespaltenes Holz". Biathlon als Sport hat sich aus einer Übung fürs Militär entwickelt.

Steinzeit-Biathlon: Schon in der Steinzeit haben die Menschen mit Pfeil und Bogen auf ihr Essen geschossen. Im Winter haben sie versucht, mit Holzbrettern an den Füßen schneller voranzukommen, glauben Forscher.

Abfahrtsskier: kurz (etwa bis ans Kinn), breit
Langlaufskier: länger (über den Kopf), schmaler, leichter
Skisprungskier: noch länger (bis zu 2,75 Meter), sehr breit

Langlaufskier

Skisprungskier

Der Checker

Abfahrtsskier

Wie lang laufen Langlauf-Skier?

Gecheckt:

Langlaufskier sind länger, leichter und dünner als normale Abfahrtsskier.
Skier sind schon seit Tausenden von Jahren als praktisches Fortbewegungsmittel im Schnee bekannt. Mit ihnen kann man weite Strecken in der Ebene durch den Schnee laufen, weil man zwischendurch auch mal rutschen oder gleiten kann.
Langlaufskier heißen so, weil man mit ihnen größere Entfernungen überwinden kann, nicht weil sie so lang sind.

Checkerbude

Genau geschaut: So läuft man lang!

Beim Langlaufen gibt es zwei Möglichkeiten, beide sind extrem anstrengend:

Skating-Technik: Wie beim Inlineskaten drückt sich der Langläufer durch seitliche Bewegungen wie in einem „V" nach vorne. Das geht ohne Loipe, also feste Spur, ist schneller und wird beim Biathlon eingesetzt. Ist aber auch schwieriger und anstrengender.

Skating-Technik

Ski

Laufrichtung

klassischer Stil

Laufrichtung

Klassischer Stil: Der Sportler bleibt mit beiden Skiern in der Loipe, also in einer festen Spur. Er schiebt sich mit den Beinen abwechselnd vorwärts und nimmt die Stöcke zu Hilfe.

Frisch gebügelt: Es stimmt! Kati bügelt ihre Skier. Durch eine spezielle Wachsschicht gleiten sie besser und werden schneller. Früher kam dafür sogar Kerzenwachs zum Einsatz.

Wo ist beim Langlaufski die Bremse?

Gecheckt:

Bremse hat er keine. Du kannst dich aber natürlich immer in den Schnee oder auf den Hintern plumpsen lassen (die sogenannte „Backenbremse"). Ist aber nicht sehr elegant.

Deshalb bremst der echte Langläufer mit dem „Schneepflug". Er drückt die Fersen auseinander und geht in die Knie, sodass sich die Skispitzen vorne treffen. Sieht aus wie ein umgekehrtes „V".

Das Gewehr

Check's selbst!

Die Kunst beim Biathlon ist, das Gewehr superruhig zu halten, obwohl man sich gerade noch beim Langlaufen total verausgabt hat. Probier's aus: Renn so schnell du kannst das ganze Treppenhaus rauf und versuch sofort danach, einen Faden durch ein Nadelöhr zu fädeln!

Der Bauernhof-Check

Beim Dreh der Bauernhof-Sendung hatten der Bio-Bauer Norbert und seine Frau Christine eine Überraschung für mich: Ein ganz neugeborenes Kalb! Das war erst einen halben Tag alt und hatte vor uns noch nie einen Menschen gesehen!

Warum gibt die Kuh Milch?

Gecheckt:

Eine Kuh gibt nur Milch, wenn sie ein Kalb hat. Nach der Geburt gibt die Kuh noch ungefähr neun Monate Milch. Deshalb bekommt eine Kuh auf einem Bauernhof ungefähr einmal im Jahr ein Kälbchen. Die Kuh wird jeden Tag gemolken. Bei Kühen von Bio-Bauernhöfen kommen 15-25 Liter aus dem Euter.

Jeden Tag geben Kühe auf Bio-Bäuernhöfen 15-25 Liter Milch.

Jedes Kalb und jede Kuh hat eine Marke im Ohr, auf der steht, wo es/sie herkommt und wer die Mama ist.

Knopf im Ohr

Faktencheck

Auf einem **Bauernhof** werden Tiere und Pflanzen gezüchtet und später verkauft. Geld verdient der Bauer zum Beispiel mit Milch, Eiern, Fleisch oder Getreide.

Ein **Bio-Bauernhof** nutzt nur natürliche Hilfsmittel und verzichtet auf künstliche und chemische Mittel, die die Äpfel vielleicht größer, runder oder glatter machen würden.

Der **Beruf des Bauern** ist körperlich sehr anstrengend und zeitintensiv: Tiere müssen jeden Tag versorgt werden und auch auf dem Feld gibt es immer was zu tun.

Ein neugeborenes Kalb trinkt sechs Liter Milch am Tag, morgens drei und abends drei. Was es nicht braucht, kriegen wir Menschen.

Wenn das Getreide reif ist, wird es mit einem Mähdrescher abgeerntet.

Was fressen Schweine?

A Schweine essen nur Getreide und Fleisch.
B Schweine bekommen nur Obst und Gemüse.
C Schweine essen alles, drum nennt man sie „Allesfresser".

Auflösung auf Seite 110

Schweine gelten als schmutzig, sind aber sehr reinlich.

Nach der Ernte wird Stroh oft zu Rundballen zusammengepresst.

Checkerbude

Genau geschaut: Die Fragen nach Henne und Ei!

Immer 50-60 Hennen haben einen Hahn, der aufpasst und morgens zum Aufstehen laut kräht.

Hühner haben vier Zehen, eine zeigt nach hinten. So fallen sie im Schlaf nicht von der Stange.

Junge Hühner haben gelbe Füße, ältere Hühner weiße.

Komische Vögel: Hühner können flattern, aber nicht richtig fliegen.

Hühnern im Käfig wird der Schnabel geschnitten, damit sie sich nicht verletzen!

Eine Henne legt ungefähr ein Ei pro Tag.
Braune Eier haben eine etwas dickere Schale als weiße.

Was bedeutet die Schrift auf dem Ei? Jedes Ei bekommt einen Stempel. Durch den Stempel kannst du herausfinden, von welchem Bauernhof genau dieses Ei kommt.

0 = Dieses Ei kommt von einem Bio-Bauernhof.
1 = Freilandhaltung
2 = Bodenhaltung
3 = Käfighaltung

DE: Das Ei kommt aus Deutschland.
13: Das Ei kommt aus Mecklenburg-Vorpommern.

83331: Das Ei kommt von dem Hof mit genau dieser Nummer. Die Nummer steht im Internet, zum Beispiel unter **www.was-steht-auf-dem-ei.de**

Der Tanz-Check

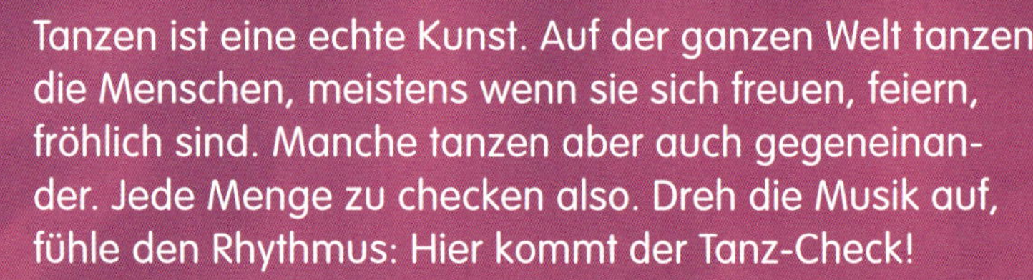

Tanzen ist eine echte Kunst. Auf der ganzen Welt tanzen die Menschen, meistens wenn sie sich freuen, feiern, fröhlich sind. Manche tanzen aber auch gegeneinander. Jede Menge zu checken also. Dreh die Musik auf, fühle den Rhythmus: Hier kommt der Tanz-Check!

en pointe: auf Zehenspitzen

Tutu heißt der Tüll-Rock

Was ist eine Primaballerina?

Gecheckt:

Eine Primaballerina gibt's beim Ballett. Sie ist die beste Tänzerin und darf die meisten Figuren alleine tanzen. Primaballerina heißt sie nicht nur, weil sie prima tanzen kann, sondern prima bedeutet auch „die Erste". Balletttänzerinnen, die Ballerinas, haben oft ein typisches Röckchen an, das Tutu (gesprochen: „tütü"). Wichtig sind auch die Schuhe: Sie sind vorne mit stabiler Pappe verstärkt. Dadurch können die Tänzerinnen auf Zehenspitzen tanzen. Eine andere bekannte Figur ist die elegante Drehung auf der Stelle, die Pirouette.

Faktencheck

Tanzen heißt: Man bewegt sich im Rhythmus zu Musik. Das geht alleine, zu zweit („Paartanz") oder in einer größeren Gruppe.

Göttertänze: Getanzt wird ganz sicher seit mehr als 2.500 Jahren. Die alten Griechen hatten wahrscheinlich für jeden ihrer vielen verschiedenen Götter einen eigenen Tanz parat.

Höhlentänze: Forscher glauben, dass auch vor 4.000 Jahren schon getanzt wurde. Zumindest haben sie Höhlenmalereien gefunden, auf denen es so aussieht.

Tanzsport: Tanzen ist heute ein echter Wettkampfsport mit Europa- und Weltmeisterschaften.

Große Gefühle: Wenn Männer mittanzen, die die Ballerina anhimmeln, nennt man sie Ballerino.

Früh übt sich: In einer Ballettschule wird an der Stange die richtige Tanzhaltung trainiert.

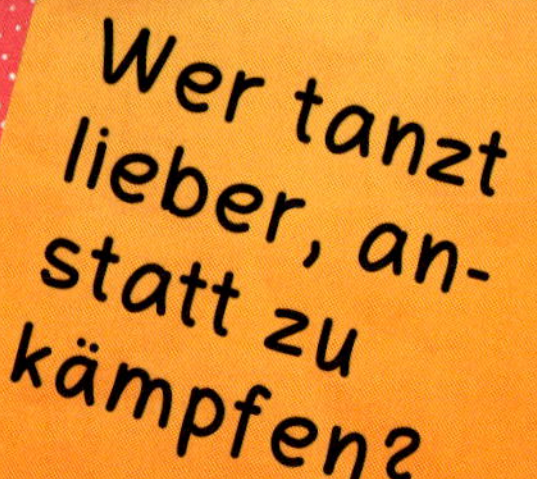

Gecheckt:

Die sogenannten Breakdancer! Vor ungefähr 30 Jahren gab's in der amerikanischen Stadt New York oft Ärger mit verfeindeten Straßengangs. Die haben irgendwann angefangen, nicht mehr mit Fäusten und Waffen zu kämpfen, sondern mit komplizierten Tanzfiguren. Wer die meisten und schwersten Figuren macht, gewinnt. Viele Bewegungen haben sie sich dabei vom brasilianischen Kampftanz Capoeira (sprich: Kapoera) abgeschaut.

Airtwist

Achtung: Airtwist oder Headspin sind sehr gefährlich! Bitte nie ohne Helm und nie alleine probieren!

Wer dreht sich beim Tanzen auf dem Kopf?

Gecheckt:

Beim „Breakdance" tragen die Tänzer weite Klamotten und Turnschuhe. Sie drehen sich am Boden, machen Handstände oder springen durch die Luft. Die bekanntesten Figuren sind der Six Step („Sechserschritt"), bei dem sich der Tänzer auf dem Boden einmal um sich selber dreht. Und der Headspin („Kopfdreher"), bei dem sich der Tänzer auf den Kopf stellt und im Rhythmus der Musik um sich selber dreht.

Feierlich zum Tanzball. Nicht nur der Tanz heißt Walzer, sondern auch die Musik. Der berühmteste ist der „Donauwalzer" von Johann Strauß.

Warum heißt der Walzer Walzer?

Gecheckt:

Der Walzer ist wahrscheinlich der berühmteste Paartanz überhaupt. Die Paare „schweben" in eleganter Kleidung über das Tanzparkett, drehen sich mal linksherum, mal rechtsherum. Auch auf Hochzeiten eröffnet das Brautpaar die Tanzfläche oft mit einem Walzer. Der Name kommt aus dem Althochdeutschen. Früher sagte man „walzen" zu „drehen". Der Walzer ist so gesehen also ein „Dreher". Und das stimmt auch, die Walzertänzer kreiseln wirklich über's Parkett ...

Jetzt kann es losgehen: Das Tanzparkett ist voll und der Ball ist eröffnet.

Checkerbude

Genau geschaut: Wie geht der Wiener Walzer?

1. Der Mann geht mit dem rechten Fuß nach vorne, dabei dreht er sich nach rechts.
2. Dann folgt der linke Fuß, der Mann dreht sich weiter.
3. Der rechte Fuß wird zum linken gestellt.

4. Dann geht's mit links weiter: Der linke Fuß geht zurück und dreht sich leicht.
5. Der rechte Fuß geht zurück und dreht so weiter.
6. Der linke Fuß wird danebengestellt.

Dann geht's wieder von vorne mit dem rechten Fuß los. Die Frau macht dieselben Schritte, geht aber zuerst mit dem linken Fuß nach hinten.

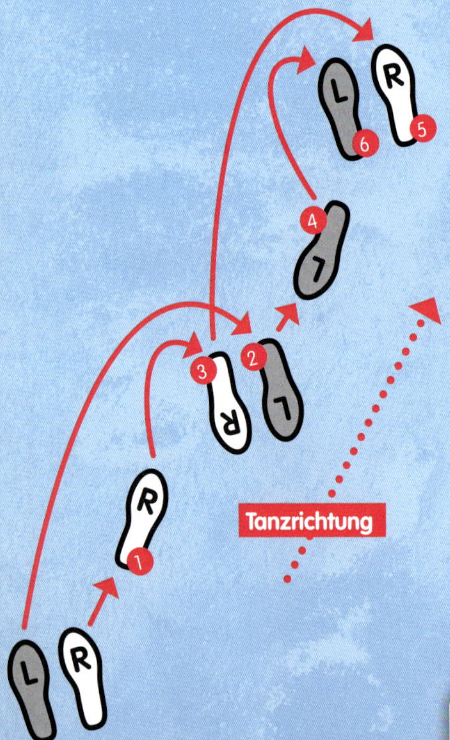

Schultern in einer Linie

waagerechte Handstellung

gerader Rücken

Tanzrichtung

Warum schuhplatteln bayerische Männer?

A Weil sie die Mädels beeindrucken wollen.
B Um der bayerischen Schutzpatronin Bavaria zu danken.
C Das ist ihre Art, Kämpfe auszutragen.

Auflösung auf Seite 110

FÜR OBERCHECKER!

Dass Männer und Frauen zusammen als Paar tanzen, galt noch vor 200 Jahren als total unanständig. Ist aber eigentlich gar nichts dabei und macht richtig Spaß!

Was macht ein Choreograf?

Gecheckt:

Das Wort bedeutet übersetzt in etwa „Tanzschreiber". Der Choreograf denkt sich ein Stück aus und sagt den Tänzern ganz genau, wann sie wohin tanzen und welche Figur sie zeigen sollen.
Jeder Schritt und jede Bewegung ist vorgegeben, damit auf der Bühne alles klappt und gut aussieht. Der Choreograf schreibt sozusagen das Drehbuch für den Tanz. Wie ein Regisseur für einen Film.

Alle Tänzer bewegen sich wie auf Kommando in eine Richtung. Das gibt die Choreografie vor.

Der Affen-Check

Mich laust der Affe! Quatsch. Natürlich nicht. Aber mich beeindruckt der Affe. Die schauen nicht nur lustig aus, sondern einige sind sogar schlauer als so manche Menschenbabys. Auf die Affen, mit Gebrüll!

Fressen Affen echt nur Bananen?

Gecheckt:

Am Affenberg Salem am Bodensee leben 200 Berberaffen – und die haben immer Kohldampf. Auf dem Menü stehen aber nicht nur Bananen, sondern alle möglichen frischen Obst- und Gemüsesorten. Viele Affenarten mögen nur Pflanzen oder Früchte, manche sind aber auch Allesfresser, die Insekten und andere Kleintiere schnabulieren. Immer nur Bananen wären auch für Affen ungesund und auf Dauer langweilig. Die Berberaffen in Salem fressen besonders gerne Avokados.

Lernen von den anderen: Affen sind eigentlich wasserscheu. Japanische Rotgesichtsmakaken baden im Winter aber in heißen Quellen. Wahrscheinlich ist mal einer in eine Quelle geplumpst, fand es total angenehm und seitdem machen's die anderen nach.

Faktencheck

Mehr als **630 verschiedene Affenarten** sind auf der Welt bekannt, ungefähr die Hälfte davon ist vom Aussterben bedroht.

Menschenaffen sind alle sehr eng verwandt: Schimpansen, Bonobos, Gorillas und Orang-Utans. Auch wir Menschen haben die gleichen Vorfahren.

Dass uns die **Menschenaffen so ähnlich sind**, sieht man nicht nur an ihren Händen und im Gesicht. Menschenaffen benutzen Werkzeuge und können Bildsprachen erlernen. Das kann kein anderes Tier.

9 cm groß!

Die kleinsten Affen sind die Berthe-Mausmakis. Die werden nur neun Zentimeter groß (plus Schwanz) und mit ungefähr dreißig Gramm Gewicht nicht schwerer als ein Apfel.

Tief in Löchern im Baum ist Honig versteckt. Die Affen stecken einen langen Stock ins Loch und lutschen den Honig vom Ende ab. Kluge Kerlchen!

Wie wird man Affenchef?

Gecheckt:

Bei den Berberaffen zum Beispiel wird der Chef, der die meisten Freunde und Unterstützer in der Gruppe hat. Die helfen ihm, wenn's Ärger gibt. Der Chef muss immer kräftig und fit sein.

Meistens bleiben die Affen zwei bis fünf Jahre Chef, bis ein jüngerer mit vielen Freunden nachkommt und den alten Chef verdrängt.

Bei den meisten anderen Affenarten wird das stärkste Männchen der Chef, das im Kampf den alten Anführer besiegt.

Schlag ein, Kumpel: Die Berberaffen am Affenberg Salem sind echt entspannte Typen.

Die größten Affen sind die Gorillas. Männchen können im Stehen so groß werden wie der Checker (1,75 Meter) und so schwer wie ein Klavier (mehr als 200 Kilo).

Gecheckt:

Beim Lausen geht es oft gar nicht um kleine Tiere wie Läuse oder Flöhe.
Meistens picken sich die Affen gegenseitig alte Hautschuppen und Salzkristalle vom Schweiß aus dem Fell. So passt einer auf, dass der andere gut aussieht und gesund bleibt.
Wichtiger aber: Affen zeigen sich durchs Lausen, dass sie sich mögen. Ungefähr so, wie wenn wir uns umarmen. Auch nach einem Streit wird zur Versöhnung gemeinsam gelaust. Wer sich mag, der pflegt sich.

Warum lausen sich Affen?

Mich laust der Affe: Körperpflege und Freundschaftsbeweis in einem.

Hände hoch! Weil Affen auch einen gegenüberliegenden Daumen haben, können sie ihre Hände fast so vielseitig als Werkzeug benutzen wie wir Menschen.

FÜR OBERCHECKER!

Menschenaffen gelten als besonders schlau. Sie können ihre Hände ähnlich gut einsetzen wie wir und nehmen Stöcke oder andere Werkzeuge zu Hilfe. Intelligenztests haben gezeigt, dass sich Affen Dinge gut merken, rechnen und mithilfe von Symbolen sogar „sprechen" können.

Register

Auflösung Mitmachfragen

Der Skisprung-Check, S. 11:

Antwort A ist richtig. Die Zuschauer rufen beim Skispringen oft „Ziiiiieeehn", um den Skispringer anzufeuern, den Sprung möglichst weit den Berg hinunter „hinunterzuziehen".

Der Eis-Sicherheits-Check, S. 75:

Antwort B stimmt. Lustig, aber wahr: Pinguine rutschen manchmal auf dem Bauch, um weite Strecken zu überwinden. Das ist bequem, kraftsparend und macht sicher riesig Spaß!

Der Bauernhof-Check, S. 96:

Klare Sache: **Antwort C ist richtig.** Schweine mögen neben Pflanzen, Früchten und Wurzeln auch kleine Wirbeltiere oder Aas und werden deshalb „Allesfresser" genannt.

Der Tanz-Check, S. 103:

Antwort A. Ganz früher diente der Tanz dazu, Mädels zu beeindrucken. Auch heute ist der Schuhplattler noch sehr beeindruckend, wird aber meistens nur noch getanzt, um die alte Tradition aufleben zu lassen.

Der Autor

Florian Sailer lebt und arbeitet als Autor und Journalist in München – ganz in der Nähe des Checker-Studios. Er hat dem Checker über die Schulter geschaut, ihn mit Fragen gelöchert und ist deshalb ganz nah dran an den Checker-Themen. Während Can fleißig Neues für dich auscheckt, schreibt Florian das Beste aus den Sendungen für dich auf.

Impressum

Mit Farbfotos von: (S = shutterstock.com; F = fotolia.com; P = panthermedia.net; pa = picturealliance.com, Dpa = Deutsche Presse-Agentur; SZ = Sueddeutsche Zeitung)

3drenderings /S: S.29 o.; Aaron Amat /S: S. 53 o.; akg-images/pa/dpa: S. 85 u. r.; Alexandra Buss/P: S. 110 o.; Amir Pour-Heidari/P: S. 65 u.; AnatolyM/S: S. 68 u.; andersphoto/S: S. 28 o.; Andrea Fiore/S: S. 93 u; andreas/F: S. 47 o.; Andreas Gradin/P: S. 100 m.; Andrey Pavlov/S: S. 34 o.; Andy Demel/P: S. 67 u.; Imagno/pa: S. 51 r.; ArchMan/S: S. 41 u.; Arogant/S: S. 56 u.; arsdigital/F: S. 22 m.; Bjarne Henning Kvaale/S: S. 39 o.; Brooke Becker/S: S. 16 o.; by-studio/F: S. 97 u.; C. Huetter/arco images/pa: S. 19 u.; Carmen Wolf/pa/SZ: S. 101 u., r.; Christian Charisius/pa/dpa: S. 43 u.; Christian Hager/pa/dpa: S. 87 m.; Christian Pauschert/P: S. 75 u.; Claire Willis/S: S. 60 u.; Claudia Otte/S: S. 49 m.; Daniel Etzold/F: S. 48 l.; Daniel Karmann/pa/dpa: S. 8 r., S. 83 u., S. 74 m.; Dieter Mendzigall/pa/sodapix: S. 89 u.; Dinga/S: S. 34 o.; Djordje Radivojevic /S: S. 47 l.; Dmitry Uzilevsky/P: S. 65 o.; Dudarev Mikhail/S: S. 79 u. r.; emin kuliyev/S: S. 62 l.; Eric Isselée/S: S. 58 u., S. 97 o., S. 106 u.; Franco Banfi/WaterFrame/pa: S. 70 u.; Florian Sailer: S. 110 u.; Gert Vrey/F: S. 14 u.; Goran Bogicevic/S: S. 63 u.; Harald Soehngen/F: S. 9 l.; hektor2 /S: S. 96 o.; Hopfner/megaherz: S. 8 l., 10 l., 12 l., 13 l., 16 u., 17 u., 20 u., 23 u., 23 l., 26 u., 26 o., 28 o., 30 u., 31 u., 31 m., 32 l., 34 o., 37 u., m., 38 o., 39 u., 40 u., 42 u., 44 u., 46 u., 47 u., 50 u., 52 o., u., 53 o., u., 54 u., 56 m., 58 m., 62 u., 65 u., 66 u., 66 u., 68 m., 71 o., 72 u., l., r., 77 m., 78 u., 79 u., 80 m., u., 83 o., m., 84 l., 88 m., 90 u., 93 o., u., 95 u., 101 o., r., 106 m., r., 107 m. l., u. l.; Horst Schmidt/F: S. 55 r.; Iakov Kalinin/S: S. 79 u., m.; ID1974/S: S. 38 m., r.; Image Wizard/S: S. 28 u.; Ingo Wagner/pa/dpa: S. 43 m.; JALL/S: S. 57 u.; James Steidl/S: S. 38 m., l.; Jan Martin Will/S: S. 79 u., l.; Jan Woitas/pa/dpa: S. 49 u.; janecat /S: S. 96 m., r.; jannoon028/S: S. 33 u.; Jan-Peter Kasper/pa/ZB: S. 99 m.; Jim Lozouski/S: S. 76 u.; Kay Wülfcken/P: S. 98 m., r.; Leksele/S: S. 75 m.; leungchopan/S: S. 67 o.; Louise Jasper/WWF/pa/dpa: S. 105 m. l.; Madlen/S: S. 18 u.; MARCELODLT/S: S. 30 l.; Maria Pshenina/F: S. 61 u.; Marina Lohrbach/F: S. 18 l.; Markku Ojala/pa/dpa: S. 42 o.; Markus Beck/pa/dpa: S. 99 u., r.; Martin Lehmann/S: S. 11 l.; Martin Schutt/pa/dpa: S. 90 m.; Mary Evans Picture Library/pa: S. 85 u. r.; mates/F: S. 96 m. ,r.; Maurizio Gambarini/pa/dpa: S. 45 u.; McPhoto-Himsl/pa/dpa: S. 92 o., u.; Mitya/S: S. 18 o.; Mogens Trolle/S: S. 15 u.; Morten Normann Almeland/S: S. 9 r.; Nata-Lia/S: S. 96 u., l.; Nelson Sirlin/S: S. 35 o.; NovoPicsDE/F: S. 13 u.; OSVALDRU/S: S. 32 o.; Pan Xunbin/S: S. 67 u.; Peter Atkins/F: S. 98 m., l.; Peter Pfändler/P: S. 60 o.; philipus/F: S. 14 o.; Bildagentur Huber/Picture Finders/pa/dpa: S. 25 o.; Bildagentur-online/TIPS-Images/pa/dpa: S. 29 m., 30 o., 84 m., 104 u.; POP-EYE/sinissey/pa/dpa: S. 103 u.; Raldi Somers/P: S. 110 m.; R. Fassbind/S: S. 94 u.; R. Gino Santa Maria/S.: 74 u.; Revierfoto/pa: S. 47 r.; Roland Weihrauch/pa/dpa: S. 82 m.; Ruslan Semichev/S: S. 21 u.; Sabine Lubenow/pa/Dumont Bildarchiv: S. 87 u.; Samuel Acosta/S: S. 77 o.; Sandra Lambert/F: S. 13 r.; Sashkin/S: S. 43 o.; Scanpix Arkiv/pa: S. 10 m.; SeDmi/S: S. 54 u.; s-eyerkaufer/S: S. 60 u.; Silviu G. Halmaghi/F: S. 57 m.; Simon_g/S: S. 14 m.; steamroller_blues/S: S. 102 u.; Studiotouch/S: S. 20 u.; Tobias Hase/pa/dpa: S. 48 u.; Tomislav Pinter/S: S. 26 l.; via Picutrelines/AKG Images: S. 39 m.; WILDLIFE/A.Rouse/pa: S. 107 m. r.; WILDLIFE/D.Harms/pa/: S. 89 m.; WILDLIFE/D.L.Buerkel/pa: S. 89 o.; WILDLIFE/P.Ryan/pa: S. 105 u. r.; Wolfgang Weihs/pa/dpa: S. 49 o.

Mit Zeichnungen von Götz Rohloff, Köln.
Umschlaggestaltung von Götz Rohloff, Köln, unter Verwendung eines Fotos von Hans-Florian Hopfner, megaherz (Can Mansuroglu), sowie Fotos von Eric Isselée/S (Ziege), James Steidl/P (Schiff), Picsfive (Kaffeetasse), Studiotouch/S (Kakao), Tatiana Popova/S (Hand mit Mikrofon), Werner Dreblow/P (Gorilla), sowie Zeichnungen von Götz Rohloff.

Unser gesamtes lieferbares Programm und viele weitere Informationen zu unseren Büchern, Spielen, Experimentierkästen, DVDs, Autoren und Aktivitäten findest du unter kosmos.de

Gedruckt auf chlorfrei gebleichtem Papier

ISBN: 978-3-440-13370-5
Redaktion: Jana Raasch
Layout und Satz: Götz Rohloff – Die Buchmacher, Köln
Produktion: Verena Schmynec
Printed in Germany / Imprimé en Allemagne

Checker Can
Ich bin ... !
Flug-zeug-motor
Flugzeug
TOWER
DIE ERDE
die Welt rund!
die Erde
Checker Can
Wie gemacht ?
WC
HÄNDE WASCHEN
ZUG ZUM FLUG ?
merken !
ich check das!
WIEVIEL AUGEN HAT ? EIN ?
der Echte
ecker